# DENTRO DA LUZ

Cherie Sutherland

# DENTRO DA LUZ

**Tradução**
Pedro Oliveira

EDITORA TEOSÓFICA
Brasília-DF

Título do original em inglês
*Within the Light*


EDITORA TEOSÓFICA
SGAS 603, Módulo 20
70200630-Brasília-DF
Tel.: (061) 3227843; Fax (061) 2263703

Cherie Sutherland
**Dentro da Luz**

Brasília, 1998

S966

ISBN 85-85961-18-x

CDD218

**Capa**: Francisco Régis Ferreira Lopes
**Composição/Diagramação:** Reginaldo Alves Araújo
**Revisão**: Zeneida Cereja da Silva e
Carlos Cardoso Aveline
**Impressão:** Artgraf – Brasília-DF

**Para meus filhos, Laif e Eden,**
**com quem aprendi muito.**

# AGRADECIMENTOS

Este livro nunca poderia ter sido escrito sem o amável apoio de muitas pessoas. Agradeço especialmente a meu marido, Brian McCusker, por sua carinhosa e cuidadosa leitura diária das páginas à medida que eu as escrevia. Agradeço a meus filhos, Laif e Eden, por suas visitas alegres e freqüentes ao meu gabinete; e também por outros momentos especiais que passamos juntos. E agradeço a meus pais por sempre estarem disponíveis, acompanhando-me nas horas de descanso.

Agradeço a meus amigos, particularmente John Reed, que perguntava constantemente pelo projeto e me escutava quando eu compartilhava com ele os altos e baixos – na maioria "altos", pois trabalhar com essas histórias maravilhosas foi para mim uma alegria absoluta. Também agradeço a eles por apoiarem minha tentativa de realmente escrever este livro "um dia de cada vez".

Agradeço especialmente também a : David Tai, meu acupunturista e amigo, por seu calor humano e sua habilidade excepcional. Therese Reeves, por suas transcrições inteligentes das fitas de entrevista e pelas conversas que tivemos enquanto ela fazia esse trabalho. Minha agente Rose Creswell, por sua contínua confiança e apoio. Jo Jarrah, por sua exímia edição do manuscrito. E uma vez mais agradeço à magnífica equipe de mulheres da Transworld: Judith Curr (gerente de publicações), Marie-Louise Taylor (editora sênior) e a muito especial Maggie Hamilton (chefe de publicidade), uma amiga muito querida.

Finalmente, agradeço de coração a todos aqueles que, tendo passado por experiências próximas à morte, tão generosamente compartilharam suas idéias, lares e vidas comigo durante os últimos cinco anos. Sua amizade e seu apoio são uma contínua fonte de inspiração e prazer em minha vida.

*Estava escuro mas não era nada aterrorizante e eu estava sendo puxada para cima, através de um túnel que se tornava cada vez mais brilhante. Havia essa luz no fim do túnel. Ela era amarela e branca, mais branca do que dourada, mas indescritível e bela. Era como se fosse uma pessoa, porém não era uma pessoa; talvez um deus, mas sem forma real. Eu tomei a pessoa como sendo Deus, mas o Deus de todas as religiões e não de apenas uma só. Foi uma experiência verdadeiramente agradável.*

(Denise)

*E enquanto eu estava lá em cima era como se eu estivesse em um incrível mundo dourado, repleto com a luz do Cristo. Eu apenas senti que era parte daquilo tudo, parte do todo, que aquele era o meu lugar, que aquilo era a verdade. E havia todos esses seres, anjos, seres angélicos luminosos e esse sentimento de amor total. E a única certeza que tive quando estava lá foi que minha tarefa era servir, que o único propósito para os seres humanos é servir o planeta e viver a vida da forma mais plena possível.*

(Shana)

*Hoje eu percebo que toda minha vida é uma contínua oração ou uma conversa com Deus. Eu simplesmente falo com Deus como se Ele estivesse presente o tempo todo. Se necessito saber algo eu simplesmente me sento, me sintonizo e pergunto o que deveria fazer. A informação está sempre disponível.*

(Janet)

# SUMÁRIO

# PREFÁCIO

Três meses após a publicação de *Transformed by the Light* (*Transformado pela Luz*), Judith Curr, gerente de publicações, pediu-me para escrever um outro livro. Ela queria que eu compilasse uma coleção de algumas das entrevistas que eu gravara com pessoas que haviam passado por experiências próximas à morte (EPMs) durante os últimos cinco anos. Ao pensar sobre o assunto, achei que era uma boa idéia, pois eu já tinha recebido muitas cartas de pessoas que queriam saber mais sobre as experiências dos indivíduos mencionados naquele primeiro livro. A maioria, é claro, tinha escrito sobretudo para me contar suas próprias EPMs ou daquelas pessoas próximas a elas, mas também estavam muito curiosas em relação às experiências de outras pessoas.

Como revelei em *Transformed by the Light*, o tipo de corroboração que surge ao se comparar anotações de outras pessoas que também tiveram a experiência é, para aqueles que passaram por EPMs, um dos passos mais significativos para a sua auto-aceitação e autoconfiança. Mas localizar tais pessoas ou descobrir maneiras alternativas de obter essa validação é geralmente difícil. Muitos deles tiveram suas histórias descartadas como fantasiosas e por isso tendem a manter uma atitude bastante discreta. E não é somente a experiência em si que eles precisam comparar – eles também têm que discutir os anos subseqüentes, os quais, em alguns casos, podem ser bem problemáticos. O estabelecimento de AUSTRALIANDS,[1] um grupo de apoio a pessoas que passaram por EPMs, fez algo concreto no sentido de prover um contexto dentro do qual isso pode acontecer, proporcionando a

[1] AUSTRALIANDS é a seção australiana da IANDS, a Associação Internacional para os Estudos de Proximidade da Morte. Endereço: P.O. Box 493, Vaucluse, NSW 2030, Australia.

possibilidade de eles se encontrarem. Entretanto, para aquelas pessoas que não podem comparecer às reuniões do AUSTRALIANDS, ler os relatos de outros que passaram por experiências próximas à morte pode ser a melhor coisa a fazer.

Mas comparar histórias, notando as similaridades e construindo assim uma melhor compreensão do fenômeno, não é apenas um passo importante para aqueles que passaram por EPMs. É igualmente importante para suas famílias e seus amigos que, às vezes, se acham consternados, como também para outras pessoas interessadas, mesmo que a fonte de seu interesse seja pessoal ou profissional. Espero que a coleção de vinte histórias que se segue faça avançar esse processo de compreensão, não apenas para os que passaram por EPMs, mas também para esse outro grupo.

As histórias aqui mencionadas são fiéis aos relatos dos indivíduos que tiveram a experiência, embora a sua privacidade tenha sido respeitada através do uso de pseudônimos e pela alteração de detalhes identificadores. E em cada caso, as transcrições das entrevistas originais foram editadas a fim de eliminar descontinuidades e repetição.

*A enfermeira chefe voltou e me viu nesse estado luminoso e acho que compreendeu imediatamente o que havia acontecido. Lembro quando ela se ajoelhou e chorou, e mais tarde quando me disse: "Isto é um terreno sagrado".*

(Alexandra)

*A luz envolvia tudo. Eu estava nela e ela estava em mim. Era como se fosse uma unidade de luz... Não era um sentimento subjetivo era uma iluminação que abarcava tudo. Ela estava lá, estava aqui, dentro, fora, em toda parte. E era amor total, envolvente.*

*Ela ainda está comigo... Quando voltei à consciência normal tudo parecia demasiadamente concreto, mas ainda assim muito daquela luminosidade permaneceu comigo. Eu ainda me sentia brilhando por dentro.*

(Mary)

*Somos todos uma parte de Deus, estamos imersos no espírito... Cada um de nós é como uma célula no corpo de Deus e por isso todos nós temos as qualidades inerentes de Deus: amor, paz, sabedoria, etc, mas não o percebemos porque temos esse sentimento de separação. Mas uma vez que ultrapassemos o sentimento de separação saberemos quem realmente somos e então seremos capazes de começar a expressá-lo...*

(Moira)

# INTRODUÇÃO

O que é uma experiência próxima à morte (EPM)?

A experiência próxima à morte de cada indivíduo é única, entretanto, quando um grande número de relatos de EPMs são examinados descobre-se que eles tendem a seguir um padrão discernível. As experiências próximas à morte ocorrem em estágios, sendo os estágios iniciais muito mais comuns do que os posteriores. Como escrevi em *Transformed by the Light:*

*A experiência próxima à morte usualmente ocorre quando uma pessoa está próxima da morte (ou em muitos casos já clinicamente morta) e é então ressuscitada ou sobrevive de alguma forma para contar uma experiência intensa e profundamente significativa. Este episódio em si é costumeiramente caracterizado por um sentimento de paz, uma experiência fora do corpo, a sensação de viajar muito rapidamente através de um túnel escuro, geralmente em direção à luz, um encontro com os espíritos de parentes ou amigos já falecidos ou com um "Ser de Luz", uma revisão de vida instantânea e, para alguns, a entrada num "mundo de luz".*

Os que passam pela experiência próxima à morte relatam seguidamente que o movimento fora do corpo é a primeira indicação de que algo aconteceu. Mas, uma vez fora do corpo, há uma sensação imediata de paz e bem-estar. Não apenas inexiste dor ou desconforto mas, freqüentemente, há uma impressionante experiência de bem-aventurança. Dizem encontrar a si mesmos subitamente observando os seus corpos de um ponto próximo ao teto. Alguns logo retornam aos seus corpos sem ir mais além. Entretanto, entre os demais, muitos relatam a rápida perda de interesse na atividade ao redor de seus corpos e buscam a próxima parte da experiência, que é o movimento através da área de escuridão em direção a uma luz magnífica.

É enquanto ainda viajam em direção a essa luz que alguns deles se encontram com um ser espiritual que os faz parar e os envia de volta. Isto seguidamente toma a forma de uma voz que lhes diz "volte, ainda não é a sua hora" ou alguma outra mensagem desse tipo. Outros continuam a sua jornada através da escuridão de forma ininterrupta e chegam a observar ou até mesmo a entrar no "mundo de luz". Eles descrevem um belo panorama e encontros com parentes e amigos falecidos, "seres luminosos" e, ocasionalmente, um "Ser de Luz". Aqueles que alcançam esta profundidade de experiência quase sempre relutam em retornar. No entanto retornam, algumas vezes muito contra a sua vontade. Mas a experiência próxima à morte não acaba com o retorno à consciência normal. Ela é seguida por muitas mudanças em suas vidas.

Em *Transformed by the Light* eu já discuti os vários efeitos posteriores descritos por pessoas que passaram por EPMs. Após o episódio, sua atitude em relação à morte sofre uma mudança notável. Os que passam por uma EPM *não* têm medo da morte e falam de uma crença forte numa existência após a vida baseada firmemente em sua própria experiência pessoal. Muitos tendem também a crer na reencarnação. Freqüentemente afirmam que nunca tirariam sua própria vida, embora expressem compaixão por qualquer pessoa que tente o suicídio. E a perda do medo da morte, enquanto benéfica para eles próprios, seguidamente os leva a trabalhar com os aflitos, os idosos e os moribundos.

Eles descrevem sua experiência como sendo espiritual ao invés de religiosa e há neles uma mudança notável de uma adesão religiosa formal para oração e meditação individuais que não seguem uma determinada fórmula. Há um sentimento geral de que eles tiveram contato pessoal com Deus ou com um Poder Superior durante sua experiência e de que este contato prossegue em sua vida diária.

Há uma grande acentuação de sensibilidades psíquicas após a EPM. Para algumas pessoas isso é aceito e até mesmo bem-vindo, mas para outras é algo difícil de suportar.

Atitudes em relação a si mesmo e aos demais também mudam. Quase sempre descrevem um sentido de propósito na vida fortemente desenvolvido. Eles afirmam, repetidas vezes, que estão certos de que foram mandados de volta por uma razão. Para alguns esse propósito é imediatamente óbvio, mas para outros, mesmo depois de passados muitos anos, ele ainda não é claro e permanece como uma contínua fonte de frustração. Seus interesses mudam de forma dramática. Muitos querem descobrir mais sobre si mesmos, e muitas vezes desenvolvem novos dons e talentos. Há também uma ampla preocupação em ajudar os outros. Na verdade, à medida que o tempo passa, eles desenvolvem uma visão mais positiva de si mesmos e isto parece expressar-se naturalmente em atitudes diferentes em relação aos demais. Aqueles que passaram por EPMs geralmente são amáveis, receptivos, compassivos e tolerantes com os outros. Paradoxalmente, no entanto, é também relatado que muitos relacionamentos pessoais se rompem devido à tensão da vida pós-EPMs.

O número de pessoas envolvidas nesse tipo de transformação não é pequeno. Mesmo há dez anos atrás uma pesquisa nos Estados Unidos revelou que oito milhões de americanos, ou cinco por cento da população americana adulta, havia tido este tipo de experiência.[1] E numa pesquisa hospitalar prospectiva, realizada quase na mesma época, descobriu-se que em circunstâncias de crise de quase morte *mais de quarenta por cento* das pessoas relatam uma EPM.[2] Nas histórias que se seguem você verá o quão variadas podem ser as circunstâncias da crise de quase morte. Por exemplo, tanto Barbara como Jennifer tiveram seu encontro dramático com a morte enquanto ainda eram crianças. Elas contraíram uma pneumonia e foram cuidadas pelos seus pais em casa. Grace, por sua vez, estava no hospital sob atenta supervisão médica durante um parto difícil; e Shana teve um choque devido a uma reação alérgica durante uma operação de rins. Michaell quase se afogou enquanto surfava, e Robert usou uma arma para dar um tiro em si mesmo durante uma tentativa de suicídio. Contudo, cada uma dessas pessoas reconhece ter passado por experiências próximas à morte, e suas histórias revelam muitas similaridades. Entretanto, há também diferenças. Assim como há muitos caminhos para qualquer despertar espiritual, há também muitos caminhos para a sua integração.

Nos últimos anos inúmeras perguntas me foram feitas. Quer seja após palestras públicas, durante programas de rádio ou nas numerosas cartas que recebo, as mesmas perguntas reaparecem.

"As crianças têm experiências próximas à morte? O que elas vêem?"

"O que acontece com pessoas que cometem o suicídio? Elas vão para o inferno?"

"Alguém já teve uma experiência negativa?"

"Em que ponto as pessoas voltam? Elas querem voltar?"

"Muitas pessoas chegam até o outro lado? O que elas vêem?"

"As pessoas tornam-se mais religiosas depois da experiência?"

"Alguém já teve mais de uma EPM?"

E as perguntas continuam.

Nas páginas seguintes, todas essas perguntas e muitas outras são respondidas. As histórias estão organizadas em cinco seções, cada uma delas focando-se numa pergunta comumente feita Mas não há teorização – as respostas podem ser encontradas nas próprias histórias. Os que passaram por experiências próximas à morte falam com suas próprias vozes, descrevendo os altos e baixos – a contínua percepção da Luz, os momentos de clareza bem como as frustrações e confusões – nas suas tentativas de compreender e incorporar as experiências próximas à morte em suas vidas diárias.

# *1. EXPERIÊNCIAS DA INFÂNCIA*

*Eu estive com os anjos e quando estava com eles havia um anjo mamãe e um anjo papai, e ...*

Maria ficou impressionada quando ouviu sua filha de quatro anos confortando o filho de um vizinho. Ele estava chateado porque sua avó tinha morrido recentemente.

*Eu vi muitos anjos indo e vindo. Não fiquei assustada – era bonito estar junto dos anjos. Está tudo bem, eles vão cuidar de sua vovó.*

Maria lembrava bem daquele momento há dois anos atrás quando Penélope parara de respirar. Embora ela tenha sido levada para o hospital imediatamente, duas horas e meia se passaram antes que ela respirasse novamente. Ela então ficou cinco dias na unidade de tratamento intensivo e vinte e um dias em isolamento. Embora muitos exames tivessem sido feitos, nunca se descobriu exatamente o que aconteceu.

Freqüentemente me perguntam: "As crianças têm experiências próximas à morte?" A resposta curta é: "Sim". Para o estudo de *Transformed by the*

*Light* entrevistei dez pessoas que tiveram suas experiências durante a infância, mas naquela época apenas uma delas ainda era uma adolescente. Desde então tenho falado com muitas pessoas e recebido cartas de muitas outras que tiveram suas experiências quando ainda eram crianças. Além disso, durante o ano passado estive procurando crianças que tiveram EPMs, para o meu próximo projeto, e tive a oportunidade de entrevistar várias delas até agora. Um encontro com essas crianças é sempre algo notável. E provavelmente um dos aspectos mais extraordinários de suas histórias é a maneira simples como elas as contam. Lembram de suas EPMs com alegria e as aceitam como sendo absolutamente normais.

Mas hoje, é claro, muito mais do que no passado, as crianças são capazes de falar sobre suas experiências. Assim, espero vê-las mais bem aceitas. Para as crianças do passado isso foi particularmente difícil. Como Barbara disse:

*Eu era uma menininha que, afinal de contas, tinha de ser vista e não ouvida, mas mencionar algo como aquilo era impensável.*

Quando mencionei a Erin, uma menina de dez anos, como era bom ela poder compartilhar suas experiências com seus pais, ela balançou a cabeça sabiamente e, com um sorriso forçado, disse:

*Sim, mas acho que mamãe está ficando um pouco cansada de ouvir sobre a minha vida passada no Canadá.*

Isto naturalmente evoca a questão dos efeitos posteriores. As crianças, assim como os adultos, às vezes se deparam com mudanças avassaladoras que ocorrem cedo em suas vidas como conseqüência de suas experiências. Além de ter que tratar com os problemas da recuperação física, elas muitas vezes têm o desafio adicional de se ajustar e explicar aos demais não apenas a sua EPM, mas também os sucessivos episódios de clarividência, viagem astral, premonição e muitos outros fenômenos. Muitas dizem sentir-se diferentes de seus colegas e amigos, com uma compreensão do mundo e valores diferentes. Para os pais, também, essas mudanças podem ser bastante perturbadoras. Uma mãe me escreveu:

*Minha filha, agora com dez anos, teve uma experiência próxima à morte quando tinha cinco anos. Ela me contou sobre isso seis meses depois, e eu fiquei chocada. Mas com o passar do tempo, considerando as mudanças que ocorreram nela, eu não me surpreendi mais. Ela era muito diferente da criancinha que eu conhecia antes da doença, mas eu não tinha nenhuma idéia do porquê disso.*

E o pai de Erin me escreveu:

*Para mim foi uma experiência de grande humildade ter recebido a descrição mais consistente da vida após a morte de minha própria filha, uma criança de nove anos de idade.*

Algumas pessoas acreditam que será nas histórias das crianças que encontraremos evidência da experiência próxima à morte intocada pelo condicionamento cultural e livre da conformidade às expectativas societárias. Por essa razão tem havido muito interesse entre os pesquisadores em coletar relatos de crianças.[1] Mas, devido ao meu contato com centenas de pessoas que passaram por EPMs, não creio que faça qualquer diferença se os relatos de experiências da infância são tomados dos experimentadores enquanto eles são ainda crianças, ou mais tarde, quando já são adultos. Tenho constatado que as EPMs permanecem genuinamente vívidas na memória das pessoas que passaram por elas por longos períodos de tempo. William Serdahely, um professor de ciência da saúde, chegou a uma conclusão parecida. Em 1991, ele fez uma comparação entre EPMs de crianças e relatos adultos retrospectivos de experiências infantis e descobriu que não havia uma diferença discernível entre eles.[2]

Nas seis histórias seguintes, Barbara e Jennifer descrevem suas primeiras experiências, as quais, como você verá, permanecem não afetadas pela passagem do tempo. A seguir Michael, que era ainda um adolescente quando falei com ele pela primeira vez, descreve o seu quase afogamento e seus efeitos posteriores; e Gary, Edwina e Denise, que tiveram suas experiências na metade da adolescência, relatam suas histórias e descrevem as mudanças de perspectiva que ocorreram em sua vida nos anos seguintes. Em todas as minhas entrevistas eu constatei que as crianças eram amáveis, gentis, corajosas e compassivas – qualidades essas que você encontrará muitas vezes nas páginas seguintes.

# BARBARA

*Logo depois de começar minha pesquisa eu fiz umas poucas sessões de terapia de renascimento* em um centro de cura alternativa. Conversando depois com o terapeuta, eu mencionei o trabalho que estava realizando e perguntei se ele conhecia alguém que havia tido uma experiência próxima à morte. Ele sugeriu que eu falasse com Barbara, a recepcionista do centro.*

*E nós conversamos muitas vezes. Passados cinco anos, nós ainda nos encontramos para conversar. Mas naquele primeiro dia, quando Barbara, sentada em sua mesa, levantou a cabeça e me olhou calmamente com seus olhos azul-claros, houve imediatamente entre nós uma afeição mútua. Havia nela uma qualidade luminosa que me impressionou profundamente naquela época. Só recentemente eu me deparei de novo com essa mesma qualidade – em crianças pequenas que tiveram experiências próximas à morte. Isso me fez perguntar-me se todas elas não tinham, literalmente, trazido de volta um pouco daquela Luz que experimentaram.*

*Barbara tem cabelo bem branco e pele clara. É gentil, fala delicadamente, e é uma pessoa que possui uma profunda capacidade de sentimento. Ela teve a sua experiência quando tinha dez anos, e eu a entrevistei cinqüenta e dois anos depois.*

---

* No original em inglês: *rebirthing* (N. ed. bras.)

Eu tive o que naquela época se chamava de pneumonia dupla, e já possuía uma longa história passada de problemas pulmonares. Dessa vez – eu estava em casa e não no hospital – os médicos disseram aos meus pais que tinham feito tudo o que podiam por mim e que eu não sobreviveria àquela noite.

Minha primeira recordação da experiência foi de que eu estava flutuando no teto e me sentia muito, muito feliz. O sentimento era de completa felicidade e alegria irresistível. Não há realmente palavras para descrevê-lo, não há mesmo. E ainda agora, após todos esses anos, me sinto completamente tomada pelo sentimento.

Seja como for, eu estava apenas experimentando esse sentimento, e meu primeiro pensamento foi: "Que maldade da parte deles não terem me falado sobre isso antes". Fiquei, realmente, um pouco chateada com isso. Eu pensava: "Eu teria estado aqui muito antes. Que maldade!" Eu era muito pequena.

E então comecei a olhar ao meu redor. Havia dois grandes guarda-roupas antiquados no quarto e eu pensei: "Puxa! Mamãe não tira bem o pó da parte de cima. Posso escrever meu nome aqui, está cheio de pó." E eu gostava de pular de um lado para outro. Movimentava-me totalmente, não havia nenhuma restrição, e eu sabia em que direção estava indo. Se alguém perguntasse qual era a minha forma eu responderia que eu não tinha nenhuma forma. Era apenas o meu ser pensante, conhecedor, que sente, em sua totalidade. E era tão belo, tão belo.

E então olhei para baixo e vi essa pequena figura na cama e pensei: "Oh! Ela não é pequena? Não sou pequena? Aquela sou eu." Tudo estava bem. Havia apenas o reconhecimento de que aquela lá embaixo era eu, mas eu *sabia* que eu estava real e totalmente "aqui em cima". Então pensei: "Agora eu vou fazer algo e mal posso esperar. Estou indo, estou indo!" Eu estava muito emocionada. Quase não suportava a expectativa e a alegria de ir agora. Era como ir para casa.

Atualmente eu digo que cometi um erro. Hoje eu me pergunto o que teria acontecido se eu não tivesse olhado para trás, porque o que eu vi quando olhei para trás foi o rosto de minha mãe. Meu pai estava sentado no lado esquerdo da cama e minha mãe no lado direito, e eles estavam bem lá embaixo. Tão logo olhei para o rosto de minha mãe eu sabia que não poderia fazer aquilo com ela. E assim que tomei a decisão, fui envolvida por uma onda de decepção. Eu estava *muito* decepcionada, além de qualquer descrição. E depois não havia nada. Devo ter voltado ao meu corpo porque tudo tinha parado. Tudo tinha parado. Me sinto profundamente comovida até hoje só de pensar nisso.

Aquela experiência foi real, absolutamente real. Eu sabia que estava muito doente, eu sabia que aquela menininha lá embaixo estava muito, muito pálida, e também sabia que eu já a havia deixado – eu sabia que estava morrendo. Inicialmente senti alegria e bem-aventurança totais e uma perfeição que não posso colocar em palavras, mas depois surgiu essa decepção arrasadora de ter que voltar. Lembro muito claramente. Ela está tão clara agora como naquela época.

Eu não queria voltar para o meu corpo de forma alguma. Era como ter sido solta de uma jaula pela primeira vez. É doloroso lembrar, mesmo agora, como me senti quando compreendi que precisava voltar. Eu não *queria* voltar de jeito nenhum. E quando me vi consciente novamente, me senti pesada; devia estar muito doente. Não posso comparar o sentimento que tive fora do corpo a nada mais que eu já tenha sentido.

Nunca falei sobre a experiência com ninguém, especialmente naquela época. Eu era uma menininha que afinal tinha que ser vista e não ouvida, mas mencionar algo desse tipo era simplesmente impensável. Por isso, eu devo tê-la deixado de lado; parecia ter sido apagada da minha memória. Mas nos últimos sete anos ela voltou claramente ao plano consciente e eu a compartilhei com minhas filhas; elas ficaram fascinadas com o relato. Compartilhar a experiência com elas foi algo muito especial, e Loraine, principalmente, minha filha mais velha, estava bastante aberta para ouvir. Agora eu sei porque a memória da experiência voltou naquela época. Loraine morreu três anos atrás.

Quando olho para trás, para a época em que comecei a lembrar novamente da experiência, é como se fosse um filme que me estivesse sendo mostrado: "Tudo bem, você teve essa experiência quando tinha dez anos, você não falou sobre ela, você não quis falar sobre ela, você a colocou no fundo da sua mente e a esqueceu por um tempo e agora, dentro de poucos anos, Loraine vai morrer e, portanto, aqui está ela novamente para você fazer uma retrospectiva. Você vai precisar." Eu agora olho para trás e vejo por que ela me foi apresentada. É por isso que eu pude compartilhá-la com ela e minha outra filha e é por isso que elas gostaram tanto de ouvir o meu relato. Ter tido aquela experiência, ter tido aquele conhecimento e aquele amor foi, inequivocamente, um maravilhoso conforto para mim. Tanto que me pergunto como eu teria me saído sem ela.

Antes da minha experiência eu nunca tinha ouvido falar de uma tal coisa. Tive uma vida bastante confinada – meu pai era ateu, e não nos era permitido ir à escola de catequese ou qualquer coisa do tipo. Eu não tinha nenhuma idéia desses assuntos. Acho que como criança eu pensava: "É, a vida é assim e continua para sempre." Eu não tinha medo da morte porque nunca tinha pensado sobre ela. Não era algo que eu questionasse em absoluto. Mas agora, conscientemente, eu não tenho nenhum medo da morte. Para mim, a morte não deve ser temida, não há nada a temer. Na verdade, ela é algo que realmente deveria ser esperado, porque acredito que esta não é a única vida que eu tive e também não será a última. Li alguns livros sobre reencarnação e essa me parece ser a única coisa que faz sentido. Parece-me que é a única resposta.

Quando era ainda bem jovem, Loraine uma vez me perguntou: "Mãe, você gostaria de ir primeiro ou por último?"

Eu então lhe perguntei: "Para onde?"

Ela continuou: "Você gostaria de morrer primeiro ou por último?"

E eu respondi: "Que pergunta! Você tem toda a vida pela frente e eu tive a minha. Se eu fosse morrer amanhã é porque o meu tempo terminou. Certamente você irá por último."

Ela então me olhou de uma forma que jamais esquecerei – era como se fosse um meio sorriso. E disse: "Mãe, eu não gostaria de ser a última."

Agora tenho um grande interesse em aprender mais sobre a morte e o morrer. Quando Loraine morreu, eu senti que não sabia nada sobre isso. Estive com ela literalmente dia e noite durante doze meses antes de ela morrer. No hospital, me deixavam dormir no chão e ficar com ela. Mas eu não estava consciente de muitas coisas das quais estou agora, de modo que meu maior pesar é não ter sido capaz de ajudá-la a morrer com graça e conforto. Eu agora estou muito interessada em aprender sobre isso. Vislumbro a possibilidade de esse ano ir passar algum tempo com Elisabeth Klüber-Ross, na Virginia do Oeste, Estados Unidos. E gostaria de trabalhar com os moribundos de alguma forma.

Sempre achei que a experiência era mais espiritual do que religiosa. Não tive nenhuma instrução religiosa com meus pais, mas minha situação era pouco comum. Minha irmã nasceu doze meses depois de mim e, quando ela nasceu, eu lembro que meus pais pediram para uma família tomar conta de mim e fiquei com aquelas pessoas durante cinco anos. Elas queriam me adotar. Aqueles são os únicos anos que evocam memórias maravilhosas e felizes. Durante aqueles anos eles me ensinaram a rezar, inclusive antes das refeições, e havia também muitos livros religiosos disponíveis. Aquele foi o único treinamento religioso que tive e era algo que eu esperava com expectativa, amava e aceitava. E quando voltei para meus pais foi como ir do sublime para o ridículo. Não havia graça. A palavra Deus não era mencionada na casa. Foi uma época muito difícil para mim. Portanto, eu de fato tive um incentivo espiritual inicial na vida, mas ele foi logo reprimido.

Hoje eu me descrevo como uma pessoa espiritual e não religiosa. Medito um pouco mas não vou à igreja, embora eu suponha que, se necessitar preencher um formulário, escreverei sem pensar "Igreja Anglicana".

Antes da minha experiência eu nunca tinha ouvido falar de experiências psíquicas mas, quando criança, eu realmente sentia que estava em contato com um outro mundo. Naquelas ocasiões eu me sentia diferente, me sentia realmente viva. Em algumas tardes eu brincava com fadas no jardim. Minha tia cansava-se um pouco comigo em casa e então saíamos para passear juntas. Eu podia ver as fadas. Aquilo era muito, muito real para mim.

Hoje eu realmente acredito que experiências psíquicas ocorrem. Tive outras experiências fora do corpo, mas apenas durante as sessões de terapia de renascimento. E numa dessas sessões eu pude ouvir uma música incrível, que eu sabia que era a linguagem da alma. Era a única música no universo, a única linguagem no universo, e lembro que ri ao pensar que nós, neste plano, chamamos nossa "linguagem" de uma linguagem. Era muito engraçado.

Também sei como as pessoas estão se sentindo quando entram numa sala. Estou bastante consciente da energia que as pessoas trazem consigo – eu a percebo imediatamente. Eu também me orgulho de que a minha intuição é bastante precisa. Quando eu era menina costumava ser muito crítica, e tinha o hábito de julgar os outros. Mas agora posso encontrar as pessoas e realmente olhar para elas, apreciar sua beleza e vê-las como elas são. Eu mudei muito.

Muitas vezes tenho a sensação de que estão cuidando de mim e nesses momentos digo a mim mesma: "Lá vai você de novo, você se preocupa por nada." E eu repreendo a mim mesma. Estou continuamente ciente de que não estou só.

Desde que recordei aquela experiência, e sobretudo desde a morte de Loraine, é como se, num certo dia, eu estivesse indo numa direção, então aquilo ocorreu e eu mudei de direção. É como se fosse uma abertura de mim mesma.

Eu costumava me preocupar com o que as outras pessoas pensavam a meu respeito – era uma completa tortura. Hoje eu não me preocupo mais. Também me preocupava com coisas materiais, mas agora isso não é tão importante. É bom ter um emprego, mas não é tão importante como costumava ser. Eu criei as meninas sozinha; éramos apenas nós três. Por isso, devido a esse conjunto de circunstâncias, eu tinha que ser muito cuidadosa, controlar o dinheiro, ir trabalhar, e isso não era fácil. Mas consegui relaxar muito em relação a isso, sobretudo nos últimos anos. Agora sei que o que eu precisar não vai faltar.

Quando menina, após a minha EPM, eu sentia que era diferente dos meus coleguinhas, e era difícil fazer amigos, sobretudo na escola, onde me sentia muito isolada. Era um sentimento tão desconfortável! Eu não gostava de ser diferente, mas eu era e sabia que era. E em relação à minha família, sempre senti que eles estavam lá e eu aqui. Sempre. Suponho que isso se devia ao fato de eu ter voltado do lugar onde eu estava. Nunca me senti parte da família. Nunca tive muitos amigos e não conseguia me relacionar facilmente com muitas pessoas, mas hoje percebo que mudei e que posso me relacionar com os outros com empatia. E isto está como que confirmado no meu emprego, pois as pessoas às vezes aparecem apenas para falar comigo.

Desde que recordei a experiência tenho lido muito. Fiz um curso de acupuntura, um de renascimento, e fiz também os seminários de Elisabeth Klüber-Ross, coisas que antes eu nunca teria pensado em fazer.

Quando eu era criança, sentia como se estivesse dentro de uma pequena caixa preta, mas agora a minha vida é boa. Vivo sozinha em um pequeno apartamento, mas tenho um emprego maravilhoso, e isto é algo que me realiza muito.

Embora eu adore estar com minha filha e suas crianças, somente de vez em quando posso vê-los, pois eles recentemente se mudaram da cidade. No entanto, há algo que não está claro para mim. No momento eu pareço estar marcando passo. Há poucos anos atrás eu estava dando grandes passos, e de repente parei, o que me levava às vezes a gritar de frustração. Às vezes eu gritava: "*Por quê?* Mostre-me o que fazer!" Mas sei que isso é algo meu e que a resposta tem de vir de mim mesma. Ao mesmo tempo eu penso: "Puxa vida! Tenho agora apenas um número x de anos e realmente preciso fazer uso deles." Eu realmente preciso usá-los bem. É como se eu dissesse: "*Mostre-me como, por favor!*" Eu me sinto muito frustrada por causa disso.

Sinto grande admiração por aquelas pessoas que realmente conseguem fazer algo. Atualmente, as duas áreas pelas quais me sinto atraída são, primeiro, trabalhar com pessoas moribundas e, se eu receber orientação nesse sentido, trabalhar com crianças moribundas, o que para mim seria ótimo. Tenho um grande sentimento pelas crianças. Eu realmente não sei se estarei trabalhando com crianças daqui por diante. Se conseguir, será maravilhoso, pois isso me atrai muito. E, recentemente, eu brinquei com a idéia de passar algum tempo em países que precisam de assistência, sobretudo em relação às crianças.

Penso que sou bastante abençoada por ter tido aquela experiência, muito abençoada por ter sido capaz de recebê-la e mantê-la em minha mente o tempo todo. E se houver uma maneira em que eu possa usá-la – e sei que há – estou certa de que é isso que vou fazer no futuro. Eu sei que quando eu sair desse vácuo essa experiência que tive vai me ajudar. Eu sei disso. Eu a considero uma das mais significativas experiências da minha vida.

Hoje eu sinto que não morri quando criança porque, se tivesse morrido, eu não teria tido as minhas filhas, e não estaria aqui para estar junto da minha filha quando ela morreu. Eu também sei que há algo que devo realizar antes de partir.

*Dois anos atrás, depois de um longo período nos Estados Unidos cuidando de uma amiga moribunda, Barbara começou a trabalhar como voluntária em um asilo numa grande cidade e sente que ainda há algo mais que ela será levada a fazer.*

# JENNIFER

*Eu estava voltando de uma longa viagem, na qual eu havia dirigido por 3.000 quilômetros e entrevistado muitas pessoas que tinham passado por experiências próximas à morte. Esta seria a última entrevista antes de voltar para casa. Dirigi até a pequena cidade litorânea onde Jennifer vive era uma cidadezinha tão pacata que eu mal podia suportar a idéia de partir no dia seguinte. Um vasto rio flui em direção ao mar, há vários quilômetros de cerrado e praias, e bem atrás dessa faixa costeira há uma escarpa magnífica. Localizadas entre a escarpa e as praias estão várias ruas com pequenas casas belamente construídas sendo essas divididas pelo rio em duas seções – de um lado, o povoado mais amplo e as casas mais afluentes, e de outro, o ambiente mais calmo e mais simples da "vila de pescadores". Jennifer vive no lado calmo.*

*Quando penso em Jennifer lembro de sua amabilidade, sua gentileza e doçura de expressão. Ela me cumprimentou afetuosamente, como se fôssemos amigas há muito tempo, e me fez sentar na sala de estar próximo às caixas e aos pacotes – ela estava se preparando para se mudar para uma casa distante duas ruas de sua casa atual. Sua filha e neto também estavam lá e conversamos informalmente enquanto tomávamos chá antes de começarmos a entrevista.*

*Jennifer tinha sete anos na época de sua experiência, e falei com ela quarenta e seis anos depois.*

Naquela época, sendo tão pequena, eu não sabia que estava tão doente. Eu tinha uma pneumonia muito grave e mais tarde eu soube que eu estava tão doente que os médicos me deixaram na cama para morrer. Eles nem sequer me levaram para o hospital. Simplesmente me deixaram lá e disseram para minha mãe que eu estava morrendo, que era apenas uma questão de tempo. Quando ela perguntou se havia algo que ela pudesse fazer, eles simplesmente lhe disseram que, se quisesse, ela poderia me dar gemada de ovos com conhaque, mas achavam que isso não iria adiantar. Tudo o que eu sabia era que eu estava muito cansada e apenas queria dormir o tempo todo. Lembro apenas de recobrar a consciência uma vez e lá estava minha mãe tentando me dar algo para beber.

Tive o que pareceu ser um sonho no qual vi uma adorável escadaria branca, com bastante azul à sua volta, como se fosse um tipo de neblina. E vi uma bela senhora descendo os degraus, com um vestido branco longo. Ela tinha um rosto bonito, e eu a reconheci instantaneamente. Só de pensar nisso agora me dá arrepios. Ela então me disse: "Não tenha medo Jennifer."

E eu disse: "Não estou com medo, bisavó."

Ela perguntou: "Você me conhece?"

E eu respondi: "Sim, bisavó."

E então ela falou: "Pegue na minha mão. Eu vim para lhe mostrar o caminho." E me estendeu a mão.

Eu disse: "Ah! Eu adoraria ir com você, bisavó, mas não posso ir agora porque a mamãe precisa de mim. Ela não tem ninguém para cuidar dela a não ser eu. Não posso ir agora, mas venha me ver mais adiante, quando a mamãe não precisar mais de mim, e então eu irei com você."

De repente tudo desapareceu, inclusive ela, eu acordei e vi minha mãe de pé lá fora, na varanda. Nós morávamos num apartamento de um quarto, no segundo andar de um edifício. E quando a vi ela parecia estar subindo e descendo, como um navio no mar, e pensei que era um terremoto. Eu gritei:

"Mãe, sai da varanda, é um terremoto!" Ela então entrou correndo – pensou que eu estivesse morrendo.

As lágrimas rolavam pelo meu rosto. Eu estava muito aborrecida por ter me recusado a ir com minha bisavó. E então mamãe disse: "Por que você está chorando Jennifer? Está tudo bem, não chore." E eu lhe falei: "Oh! É porque tive de dizer "não" à bisavó. Ela pediu para que eu fosse com ela, e eu disse que não podia ir, que tinha que cuidar de você." E então mamãe começou a chorar muito. Eu então falei para ela: "Não chore, mãe, eu estou bem agora, eu estou bem."

Enquanto tudo isso acontecia, eu não era mais a menininha na cama. Eu não podia compreender como pude ter estado com a bisavó, mas eu simplesmente sabia que não estava mais na cama. Eu sabia que estava lá em cima, de pé, em algum lugar com ela. Eu queria tanto ir com ela, ela era tão adorável, e eu sabia que estaria segura e feliz para sempre. Mamãe e eu tivemos momentos difíceis, e eu sabia que se fosse com a bisavó não haveria mais momentos difíceis – eu seria feliz e nunca mais haveria tristeza em minha vida. Por isso que eu chorei quando acordei. Eu sabia que poderia ter deixado para trás todos os problemas e medos, mas escolhi ficar com a minha mãe.

Depois daquilo eu fiquei boa, e os médicos não conseguiam compreender como eu tinha me recuperado. Mas eu sabia. Eu disse a mamãe: "Eu sei por que eu me recuperei – é porque pedi para a bisavó não me levar e ela não me levou. E por isso estou bem." E isso era muito claro para mim. Mas o engraçado é que eu nunca conheci minha bisavó. Logo depois que eu nasci, no dia em que me trouxeram para casa, ela estava sendo levada numa maca para o hospital, pois estava morrendo. Eles pararam a maca para que ela pudesse me agarrar em seus braços e me acariciar – eu fui a única bisneta que ela viu. Mas é claro que eu nunca a vi, eu não a conheci. Durante a experiência, ela tinha um rosto mais jovem do que eu imaginava que minha bisavó tivesse. Recentemente vi fotos dela quando era jovem, e também tenho algumas fotos dela já idosa, mas eu realmente nunca a conheci.

Acredito que minha bisavó foi enviada para me levar. Penso que ela, de alguma forma, deve ter pedido isso, já que eu era parte de sua própria família, para que eu não ficasse com medo. E creio que, quando pedi para ficar, lhe permitiram que me deixasse aqui e não me levasse.

Acredito que havia um propósito para que eu continuasse vivendo. Tantas coisas teriam sido diferentes se eu tivesse morrido. Nunca me teria tornado uma escritora e sei também que fiz uma grande diferença na vida de meu marido. E houve depois uma outra pessoa que me amou muito durante a sua vida, e eu fui o único amor que ele jamais teve. Ele morreu, mas sei que o fato de eu ter sobrevivido significou muito para ele durante a sua breve vida. E minha filha não teria existido – ela trouxe tanta alegria para o seu jovem marido – nem meu netinho. Há tantas coisas! Posso olhar à minha volta e ver como teria sido diferente para tantas vidas se eu tivesse partido.

Posso não estar segura sobre qual é minha missão na vida, mas acredito que há um propósito para que eu continue existindo. Também acredito que não partirei até que esse propósito seja realizado. Creio que permanecerei viva para realizar as coisas que tenho que fazer. Não sei quais são elas, apenas prossigo na direção que a minha vida segue, sendo levada pela maré (risos).

Falei sobre a experiência com umas poucas pessoas. Tanto meu marido como minha filha interessam-se por percepção extra-sensorial e são, portanto, bastante compreensivos em relação a essas coisas. Na verdade, eu nunca fui ridicularizada por ninguém por causa da experiência – falei sobre ela até mesmo com estranhos, com outros escritores. Nunca encontrei muita coisa escrita sobre o assunto a não ser pequenas referências em revistas e coisas do tipo. Achei interessante descobrir o que aconteceu a outras pessoas. Mas ainda não li muito a respeito.

Antes da experiência eu nunca tinha pensado muito sobre a morte. Quando eu era criança, nunca me preocupei porque minha mãe tinha me ensinado aquela oração "agora eu me deito para dormir...", e a oração me protegia da morte (risos). E assim eu sabia da existência da morte apenas porque ela fazia parte da minha oração, mas sempre achei que se eu morresse estaria segura, estaria bem. Naquela época eu não me preocupava com a morte, porque não havia muitas pessoas morrendo à minha volta ou qualquer coisa semelhante.

Eu acredito que, por ocasião da morte, nossas almas se unem àqueles que amamos nesta vida. Devido à minha experiência eu acredito que há uma outra vida e que ela não será como a vida que conhecemos. Embora não tenhamos a substância dos nossos corpos, ainda assim veremos as pessoas de uma forma espiritual, como se fossem tão sólidas como nós somos aqui no mundo físico. Sei disso porque vi minha bisavó tão sólida quanto você, e desde então tenho visto esse outro jovem a quem eu amei. Eu o tenho visto como se estivesse em um sonho e pude ouvir sua voz bem claramente. Ele morreu de câncer, mas quando o vejo ele é jovem e está recuperado e em forma. Não tenho nenhum medo da morte.

Quando era criança eu ia à escola de catequese. Não me mandavam ir – eu mesma queria ir. Antes disso, minha mãe tinha me comprado um livro chamado *Jesus de Nazaré*. Não era uma Bíblia nem nada parecido, mas me levou a começar a fazer perguntas. Eu costumava ouvir a família falar sobre a igreja – naquela época eles não iam à igreja – e de repente um dia eu disse à minha mãe: "Acho que vou à escola de catequese." E fui. E dali em diante mamãe disse que sempre que eu quisesse eu poderia ir. A escola era metodista, a religião de minha avó. A religião de minha mãe era a anglicana, mas eu a achava um pouco pesada demais para mim, um pouco próxima da católica romana. Compreendi isso por mim mesma. Eu era muito mais avançada em minha maneira de pensar do que se esperaria de uma menina da minha idade – parecia ser uma mente velha em um corpo jovem.

Hoje, por mais engraçado que possa parecer, eu *sou* católica romana. Casei-me na fé católica. Eu não tinha que me tornar católica, mas pensei: "Não gosto de divisões na família por causa da religião. Ah! Eu não ligo, eu vou me converter." E me converti (risos). Mas não vou à missa; tenho minhas próprias crenças. Gosto de ter minhas próprias idéias sobre as coisas e explorar os assuntos por mim mesma. Muitas coisas confusas foram introduzidas na religião da igreja. Nem tudo é fatual; muitas delas não passam de contos de fadas. Não acho que deveríamos ser guiados pela religião.

Estou certa de que minhas crenças foram afetadas pela minha experiência. Tinham de ser, pois desde então eu realmente não tive medo da morte. Eu sempre soube que alguém lá em cima me amava.

Tenho tido muitas experiências psíquicas depois da EPM, embora não tenha passado por nenhuma antes dela. Numa ocasião em que eu estava bastante doente, aquele jovem de quem falei costumava me visitar de manhã, logo que eu acordava, e me dizia coisas. Uma vez ele disse: "Você vai ter que lutar pelo direito de viver." E isto foi antes que eu soubesse que estava muito mal e que *teria* de lutar pelo direito de viver. Passei por momentos e experiências muito difíceis e realmente tive que lutar. Ele também me disse que havia coisas que eu ainda teria que fazer. E por isso eu realmente acredito que aqueles a quem amei voltaram para me orientar. Isso aconteceu muitas vezes. Tenho um tipo de sexto sentido em relação às coisas e sou avisada de perigos. Creio que um dia eu não serei avisada de algo ou nada me dirão. Afinal de contas, não sou imortal, não é mesmo?

Tive vários avisos sobre situações perigosas. Uma vez tive esse aviso – é simplesmente um sentimento que tenho de que não devo fazer uma determinada coisa – quando estava nadando em Brighton-le-Sands. Eu já estava acostumada a nadar naquele local e nunca tive medo de tubarões. Nesse dia em especial eu saí da água e não conseguia me convencer a voltar para a água. Chamei então o meu marido. Ele perguntou o que estava acontecendo e eu lhe disse que algo estava errado, pois eu não estava conseguindo voltar para aquela água. Ele sempre confiou em mim em relação a essas coisas desde que eu lhe contei sobre um episódio que havia acontecido comigo no passado. Então ele disse: "Isso é suficiente – eu também não vou voltar para a água." Quando voltamos para o carro onde estava a minha mãe, ela falou que estava contente por termos saído da água, pois havia visto algo escuro na água próximo a nós. No dia seguinte recebemos o jornal de domingo e na primeira página – só de pensar nisso fico arrepiada – as manchetes diziam: "Tubarão em Brigthon-le-Sands". Ao que parece os sinos de alarme tinham soado, e todas as pessoas tiveram que sair da água. Mas naquele momento eu não tinha visto nada, foi apenas um sentimento muito forte.

Tive também outra experiência antes dessa, aquela que eu já tinha contado para o meu marido. Eu costumava trabalhar como lanterninha em cinemas e trabalhei também em *shows* na cidade, tais como teatros amadores, e toda noite eu andava para cima e para baixo nessa rua em Ashfield. Eu viajava à noite o tempo todo e andava pelas ruas para cima e para baixo, saía dos trens sozinha no escuro e nunca tinha medo. Naquela noite eu estava me aproximando de minha casa e tinha que atravessar uma pequena alameda – nunca tive medo de cruzar aquela alameda – ela possuía uma porta (alguém teve a brilhante idéia de colocar uma porta para se atravessar a alameda). Eu nunca tive medo, mas nessa noite eu *não* pude passar pela porta na alameda e tive que atravessar a estrada. Seja como for, na noite seguinte uma senhora idosa da nossa pensão estava caminhando por aquela alameda e um homem pulou na sua frente, bateu nela e roubou a sua bolsa. E ela morreu devido à agressão. Acredito piamente que ele estava lá na noite em que senti que deveria atravessar a estrada. Tenho pensado porque essa senhora tinha de ser morta e porque eu tinha de sobreviver, e sinto que deve ter sido a sua hora de partir e que ainda não era a minha. Esta é a única razão pela qual eu fui salva. É claro que dei atenção ao aviso, mas aquele foi o primeiro daquela natureza que eu havia tido; eu achava que se contasse a outras pessoas sobre isso elas pensariam que eu estava louca ou que apenas estava com medo. Mas quando aquilo aconteceu a ela, eu me senti muito mal por não ter dito nada a ninguém sobre o assunto, a não ser à minha mãe. Mas eu não sabia que isso iria acontecer a ela.

Desde a minha EPM e por toda a minha vida tenho pressentido coisas, perigos e situações similares. Acredito que se alguma coisa estiver para acontecer e eu estiver destinada a receber o aviso, eu o receberei. Caso contrário, eu levarei uma surra (risos) e o destino me alcançará. Esse tipo de coisa apenas acontece, não procuro, isso vem até mim.

Tive também duas experiências de voar. Uma vez eu estava voando no alto da sala de estar, próximo ao teto, e olhava para baixo e pensava: "Puxa! Isto é adorável." Eu gostei daquilo. E numa outra ocasião, muito tempo antes, quando eu era uma jovem menina, muito antes de eu ter voado a qualquer lugar em minha vida, sonhei que estava voando sem nenhum avião ou algo parecido. Era apenas eu, voando sobre a terra, a grama verde, as estradas e as coisas. Era maravilhoso, eu adorei. Parecia um sonho, mas era tão real, tão maravilhoso, um adorável sentimento de ser livre para voar. Hoje em dia eu vôo em aviões o tempo todo e aquelas duas experiências são as únicas experiências de "parecer voar por mim mesma" que jamais tive. Elas foram mais reais do que um sonho, foram incrivelmente vívidas.

Uma coisa que me acontece e que me chateia terrivelmente é que, desde há muito tempo, eu pareço estar falando com estranhos à noite, durante os meus sonhos, ou então estou ouvindo estranhos falarem. E isto realmente me chateia porque não sei quem eles são, eles falam o tempo todo em meus sonhos e ouço todas as suas conversas. Eu realmente gostaria que fossem embora. Eles travam conversas muito sérias e não quero fazer parte delas de forma alguma. Quando acordo, não sei absolutamente nada do que eles disseram. Não sinto que tenha tido uma boa noite de descanso com meus sonhos completamente embaralhados com esses estranhos (risos).

Hoje em dia estou realmente desfrutando a vida. Ainda não descobri o propósito da minha vida, mas há coisas que eu gostaria de fazer e de alcançar. Gostaria de entreter as pessoas com o meu trabalho. Gostaria que as pessoas fossem capazes de ler e gostar dele. Seria ótimo ter dinheiro suficiente apenas para ajudar a família a fim de que pudéssemos viver mais confortavelmente, pois até agora temos sido batalhadores, mas as coisas materiais não são importantes. Não quero a riqueza pela riqueza. Não quero ser uma milionária. Quero apenas ter conforto, só isso. No momento, temos o suficiente para as nossas necessidades, de modo que não temos que nos preocupar de onde virá a próxima refeição – preocupação essa que tivemos por um longo tempo.

Ganho muito pouco escrevendo. Consigo publicar bastante, mas na maioria dos casos eles ou querem a publicação de graça ou pagam muito pouco por ela, e apenas recentemente os prêmios se tornaram relativamente razoáveis. Ganhei muitos prêmios, mas não obtive muito dinheiro com eles.

Comecei a escrever quando minha filha tinha sete anos, mas era algo muito primário. Tinha algumas boas idéias e ocasionalmente enviava um texto para a televisão, e eles o utilizavam. Era encorajador ver o meu trabalho ser considerado tão bom, mas desisti da TV e me concentrei em livros comuns e coisas do tipo. Estou em antologias com outros escritores, e meu trabalho também tem sido difundido e publicado em jornais, revistas e através de concursos. Publiquei um livro meu que agora está na Biblioteca Nacional. Venci um concurso de contos, promovido por uma rádio, na qual minha filha obteve o segundo lugar! Paramos de contar depois de setenta e dois prêmios concedidos à sua fotografia e arte. Por isso, podemos não ser ricas, mas nunca estamos entediadas.

Considero-me uma pessoa de muita sorte, tenho uma família adorável e amo escrever. Também gosto de ajudar outros escritores. Gosto de lhes dar uma mão de qualquer forma que eu possa. Outro dos meus grandes interesses são as aeronaves. Faço trabalho voluntário com o projeto "vôo histórico." É entretenimento suficiente para mim – sou a única mulher que trabalha com a restauração de aeronaves antigas. Eu vou lá e removo a ferrugem da velha aeronave. Sempre tive interesse em voar, mas nunca o fiz quando era mais jovem porque não tinha condições financeiras. Mas hoje em dia ... eu gosto do meu estilo de vida; ele é exatamente como eu gostaria que fosse, com exceção das preocupações com o dinheiro.

Acho que a coisa mais importante surgida da minha experiência próxima à morte foi o fortalecimento da minha crença em algo além deste mundo. Eu *sei* que aqueles que amei estarão todos lá para me dar as boas-vindas quando eu partir. Eu *sei* que não existimos apenas aqui e isso é tudo.

# MICHAEL

*Eu tinha acabado de dar uma palestra sobre experiências próximas à morte numa reunião da Sociedade Teosófica. Eu já tinha estado respondendo a perguntas da audiência por um certo tempo, mas uma vez concluídas as perguntas do público, me vi cercada por um grupo de pessoas que queria falar comigo pessoalmente – para fazer mais perguntas ou para compartilhar suas próprias experiências. Dentre esse grupo, que consistia, na sua maior parte, de pessoas de meia-idade, fiquei intrigada com um jovem que estava lá quieto, aguardando a uma certa distância. Eu estava preocupada que ele pudesse sair antes que eu conseguisse falar com ele, mas parece que realmente estava interessado no que os demais estavam dizendo e ficou. Quando finalmente falamos, ele revelou que havia tido uma EPM durante um acidente de surfe há quatro anos atrás, mas que nunca tinha contado a ninguém sobre o ocorrido.*

*Umas poucas semanas depois fui conversar com Michael na casa de seus pais onde ele vivia. Sentamo-nos numa sala envidraçada atrás da casa, cercados por orquídeas. Michael tem altura mediana, pele clara, e um longo cabelo loiro. Há uma atmosfera de calma ao seu redor e modos tão gentis que me pareceram pouco comuns. Logo ficou claro que sua conduta calma tinha sua fonte não na timidez mas por estar ele centrado em sua consciência. Ele falou abertamente de sua experiência e de seus efeitos posteriores, que mudaram a sua vida.*

*Michael tinha quinze anos na época de sua experiência e falei com ele quatro anos depois.*

Eu estava surfando sozinho. Tenho que admitir que era um grande dia para surfar. Estava com uma prancha grande e longa, dessas usadas em clubes de surfe, esperando pela chegada de uma boa onda. O mar estava bem agitado. Peguei uma onda e comecei a descê-la, mas de repente caí e fiquei no fundo. Era como se eu tivesse ficado preso pelas minhas costas. Eu não conseguia me mover. E não havia, na prancha, a corda para a perna, e por isso ela não pôde me puxar para superfície. Comecei então a rodopiar devido à força da onda. Eu estava realmente num sufoco e comecei a perder a respiração e a entrar em pânico. Eu lutava desesperadamente para chegar à superfície sentindo o pulsar de meus pulmões e tentando respirar. De repente, tudo parou. Não consigo explicar; simplesmente parou. Abri meus olhos e tudo estava branco.

Eu pensei: "Ah, eu morri." E me senti muito feliz. Eu flutuava. E depois não sei se fechei meus olhos ou se desmaiei, só sei que tudo ficou muito escuro, e eu me senti muito em paz. Eu me sentia muito bem, como se as preocupações do mundo tivessem sido tiradas de cima dos meus ombros. Não consigo explicar, mas tudo estava escuro, e senti como se soubesse o que eu tinha que fazer. Não vi a luz mas podia senti-la, se é que você me entende. Eu não pude mesmo ver a luz, mas *sabia* que ela estava lá e também sabia o que eu tinha que fazer.

E então comecei a ver novamente e via onde eu estava de um ponto acima da superfície do mar! Na verdade eu não podia ver o meu corpo, apenas sabia que ele estava lá embaixo. Mas quando eu olhava havia algo diferente – normalmente, quando olhamos com nossos olhos vemos uma coisa de cada vez, mas eu podia ver tudo, a praia toda. Olhei à minha volta e tive então essa sensação, difícil de explicar, de ser parte daquilo tudo. Eu me senti como se fosse uma parte de tudo ao meu redor. Simplesmente senti como se um pouco de tudo estivesse em mim e que eu estava em tudo. Lembro que me lamentava pelas pessoas que caminhavam pela praia porque elas não compreendiam isso. Senti que era realmente triste que elas não soubessem que algo dessa natureza tinha acontecido. E foi então que eu desci. Eu não queria descer; fui mais ou menos puxado para baixo.

De repente fui puxado de volta para o meu corpo. Não senti o tipo de pânico que tinha sentido quando deixara o corpo. Ainda me sentia muito em paz interiormente. Embora meu corpo se movesse muito rapidamente, eu estava bastante calmo. Cheguei à superfície muito ofegante, ansiando por ar. Aparentemente eu tinha estado debaixo da água por dois minutos e meio. Eu não teria voltado se tivesse passado mais tempo. Quando voltei a mim me senti horrível – queria retornar ao lugar onde eu havia estado. Finalmente cheguei na praia e me deitei por um certo tempo. Eu lamentava ter voltado.

Havia pessoas na praia que tinham me visto. Elas não eram salva-vidas, eram apenas pessoas normais que estavam lá observando, mas parece que ficaram preocupadas quando fiquei debaixo da água por tanto tempo.

Não falei sobre a experiência com ninguém. Acho que tive medo de que as pessoas não a aceitassem. Além disso, acho que é algo muito pessoal. Não é algo que você vá por aí contando para as pessoas.

Antes da experiência eu realmente não tinha pensado muito sobre a morte. Eu era muito jovem. A morte não é algo com que você se preocupe quando é jovem. Acho que eu encarava a morte com um pouco de reserva, como a maioria dos garotos. Mas agora que sei o que vai acontecer, não estou exatamente ansioso para que aconteça, mas não vou me lamentar quando chegar a hora. E não tenho, absolutamente, medo algum. O único medo que tenho é da dor antes de partir. Você sabe, o breve período em que fiquei em pânico, por exemplo. Aquilo foi mesmo horrível.

Acho que há uma razão pela qual eu não morri. Honestamente, ainda não sei qual é, mas acho que tem algo a ver com aquele sentimento de lamento pelas pessoas, pois foi aquilo que de fato me trouxe de volta para o meu corpo. É possível que tenha algo a ver com aquilo.

Acho que aquela experiência foi uma experiência espiritual e não religiosa. Quando eu era garoto, mamãe costumava nos mandar para a escola de catequese da Igreja Anglicana, mas eu não era religioso de forma alguma (risos). Sou mais espiritual hoje do que naquela época. Discordo da igreja. Eu a freqüentei por uns tempos porque um dos meus amigos é cristão. Fui com ele durante um certo tempo, mas discordava completamente de alguns sermões. No que me dizia respeito eles estavam errados e então parei de ir à igreja.

Expresso minha espiritualidade de diferentes maneiras. Faço muitas caminhadas pelo mato porque, quando o faço, costumo ter o mesmo sentimento de quando estava acima do mar – me sinto uno com todas as coisas. Tenho o mesmo sentimento quando estou sozinho no mato. Simplesmente fico lá sentado – é tudo muito breve mas vale a pena. E pratico uma arte marcial que é, na verdade, uma arte marcial esotérica. O treinamento desenvolve a força de vontade e a força interior, mas o lado esotérico é muito bom. Eles não nos ensinam nada específico, apenas nos encorajam a ir descobrir aquilo em que acreditamos e a trabalhar com isso. Descobrir o que acreditamos ser correto e segui-lo ao invés de ficar enchendo nossas cabeças com idéias. Meus pais acham que sou louco porque nada realmente me chateia. Não passar nas provas e coisas assim. Nada realmente me incomoda.

Tive muitas experiências psíquicas após a minha EPM. Algumas foram impressionantes, mas normalmente muitas coisas acontecem como, por exemplo, eu pular antes de ouvir uma forte pancada. Fiz muito isso no trabalho. Momentos antes de uma pancada bem forte ocorrer eu estava acabando de pular (risos). As pessoas olham para você e dizem "oh!" Às vezes eu simplesmente sei que algo vai acontecer e acontece – tanto coisas importantes como pequenas. Como, por exemplo, com os cursos técnicos opcionais em meus estudos. Lembro que num determinado ano me matriculei em três opcionais e desisti de dois. E me lembro que pensava: "Farei os outros dois no ano que vem." Mas cada vez que eu pensava no próximo ano eu continuava a pensar em fazer três opcionais. Então cogitava comigo mesmo: "O que está acontecendo comigo? Tenho que fazer apenas dois opcionais no ano que vem." Acabei faltando a prova e, no final das contas, tive que fazer três cursos opcionais no ano seguinte. Pequenas coisas como essas acontecem o tempo todo.

Uma das experiências mais estranhas que tive ocorreu numa noite em que eu simplesmente não conseguia dormir. Eu ficava rolando na cama. Estava tentando adormecer quando, de repente, senti uma pressão em minha cabeça, os meus olhos se fecharam com força e então tudo ficou totalmente escuro. No momento seguinte eu estava olhando através de um pequeno buraco e não sabia onde eu estava, o que estava fazendo nem para o que eu estava olhando. Agora não consigo descrevê-lo, mas o objeto me lembrava um livro com capa de couro. Não sei se era um livro ou uma pilha de papéis, mas era o que me parecia ser. Desci para bem próximo do couro e aí entrei nele. Eu passava por cada página e olhava para cada uma delas. Sabia tudo que estava em cada página à medida que passava de uma para outra, percorrendo o livro inteiro. Eu literalmente entrava no papel e podia ver tudo em cada página e havia algumas coisas escritas que eram "ilógicas." Não sei se você já viu desenhos de degraus que vão para todos os lados e coisas que não se ajustam entre si. O que estava escrito no livro era parecido. Mesmo hoje não consigo entendê-lo. Lembro de olhar para aquilo e dizer: "Puxa vida! É impressionante!" E havia uns esboços de desenhos realmente engraçados que eu não conseguia entender. E então, de repente, não sei porque, pensei: "Que droga!" (risos) e então *voltei abruptamente*. Lembro de cada pedacinho da experiência. Tenho certeza de que eu não estava dormindo. Foi incrível.

Por duas vezes tive experiências fora do corpo – uma durante o sono e outra na meditação. Aprendi a fazer uma meditação onde imagino que tenho um corpo de vidro – a parte externa é de vidro, e eu o encho de névoa. E então, lentamente, trago a neblina até a minha cabeça e me concentro nela. Constatei que era difícil para a minha cabeça suportar aquilo. Quando o fiz pela primeira vez os músculos dos olhos tiveram um espasmo. Não sei porque; talvez não pudessem suportar toda aquela energia num só lugar. Disseram-me que depois de fazer esta meditação por um certo tempo eu veria que pequenas coisas aconteceriam.

Seja como for, nessa noite eu estava deitado meditando e, de repente, senti algo acontecendo em minha cabeça. Eu olhei e vi que havia um buraco em minha cabeça. Então pensei: "Tudo bem, vamos ver o que acontece." Eu retirei toda a névoa e então foi como se todos os músculos de minha cabeça tivessem se endurecido. Isso era bem perceptível, pois meus olhos se fecharam completamente, minha cabeça balançava; eu então afastei toda a névoa. Depois imaginei estar no salão de treinamento. E lá estava eu. Olhei à minha volta e vi que o lugar estava vazio e as luzes apagadas. Ao olhar em volta eu sabia que aquele era realmente o salão de treinamento, pois podia senti-lo; era um sentimento impressionante, muito forte. Como eu sabia que estava lá dei uma olhada no ambiente e depois voltei.

E numa outra ocasião, durante o sono, eu acordei e descobri que estava no vestíbulo da casa, flutuando próximo ao teto. Atravessei o vestíbulo, olhei ao redor da sala e da cozinha e depois voltei para o meu corpo.

Também sou bom em auxiliar as pessoas. Não no sentido de curar suas feridas ou coisas desse tipo, mas em auxiliálas, em falar com elas se elas têm problemas. Sou muito bom nisso. Parece que sei como dizer a coisa certa no momento certo. Não penso muito sobre o que está acontecendo, mas sinto como se estivesse sendo orientado naquele momento.

Em minha vida, de uma forma geral, eu me sinto nitidamente orientado. É por esta razão que eu não me preocupo com nada. Minha mãe percebe isso – como se eu tivesse descarregado tudo sobre alguma outra coisa ou alguma outra pessoa. Acho que sinto a mesma coisa. Simplesmente não me preocupo com nada. Sei que tudo vai dar certo e, de qualquer maneira, eu geralmente sei o que vai acontecer.

Sinto que sou orientado o tempo todo, especialmente quando estou no mato. Lá eu sinto que posso me comunicar no nível do sentimento. É algo difícil de explicar, mas sei que estão me ensinando algo, através dos sentimentos. E agora também posso sentir o que está se passando com as pessoas. Não o tempo todo, mas muitas vezes consigo isso. Por exemplo, se me sentar e falar com meu irmão é como se eu sentisse o que está se passando com ele e assimilasse, eu mesmo, aqueles sentimentos, o que cria uma empatia. Há certamente uma grande sensação de empatia.

Minhas atitudes realmente mudaram depois da minha experiência. Eu costumava usar o tipo certo de roupas, tentava aparecer para as meninas e coisas desse tipo. Mas agora não faço mais isso. A vaidade foi completamente jogada para fora da janela. Eu não ligo mais, não procuro me vestir elegantemente ou algo parecido. Tenho uma atitude bastante despreocupada a esse respeito. Simplesmente acho que onde estou agora e o que estou fazendo é somente um momento passageiro no tempo e, portanto, impressionar alguém não é algo realmente importante, porque amanhã não será mais relevante.

Eu me sinto muito mais confiante hoje em dia e meus interesses mudaram muito. No clube de surfe ainda há muitas garotas circulando, e enquanto que antes eu me insinuava e as convidava para sair – tudo aquilo era apenas para curtir – hoje em dia eu não ligo mais para isso. Um dos meus principais interesses agora é a horticultura (risos). Eu não tinha nenhuma idéia do que iria fazer quando tivesse concluído a escola, mas depois daquela experiência eu optei firmemente pela horticultura. Nunca tinha pensado sobre isso e não tinha nenhuma idéia do que era horticultura! Também ingressei na Sociedade Teosófica. Cansei da igreja e um certo dia vi um anúncio de uma palestra na livraria da Sociedade Teosófica e fui assisti-la. Foi assim que ingressei. Meus amigos realmente acham que eu estou fora do planeta.

Eu também fazia parte da Sociedade do Ambiente Natural – ela é uma ramificação do movimento pela paz. Não sou a favor da violência mas não estou ativamente buscando a paz. Compreendo que a violência faz parte de onde nós vivemos, faz parte deste mundo, é algo que devemos encarar, que temos que aceitar. Acho que ela é um outro veículo para o aprendizado. Mas a violência ao meio ambiente ainda me afeta. A exploração madeireira em áreas naturais me afeta emocionalmente. Sinto isso de maneira muito forte porque sei o quanto ainda nos resta e, fazendo horticultura, também sei como o ambiente natural é frágil.

Acho que, desde aquela experiência, a mudança mais proeminente para mim é ser capaz de sentir e de acreditar em meus sentimentos, o que eu nunca fiz antes.

# GARY

*Encontrei Gary pela primeira vez em uma tarde agradável de primavera em uma enorme casa de estilo vitoriano, situada numa baía, e que ele compartilhava com vários amigos. Já tínhamos falado por telefone para combinar os detalhes e quando cheguei ele me cumprimentou de uma maneira amigável e fomos direto para a sala de estar, onde logo em seguida começamos a entrevista. Gary é bem pequeno, com uma boa compleição física e parece um pequeno duende. Seu cabelo grosso e claro cai de um lado do seu rosto e ele parece estar cheio de uma forte energia nervosa.*

*Gary teve sua experiência quando tinha dezesseis anos, e falei com ele dezesseis anos depois.*

Várias coisas estavam acontecendo naquele ano. Eu tinha chegado a um tipo de encruzilhada em minha vida em geral, sobretudo porque os interesses que eu tinha eram incompatíveis com os interesses tradicionais da minha família. Minha mãe não queria que eu fosse para uma escola secundária geral basicamente porque lá havia garotas (risos) e, além disso, ela não gostava especialmente daquela escola secundária. Ela achava que porque meus dois irmãos tinham ido para uma escola secundária técnica eu também devia ir para lá. Mas meus interesses eram muito diferentes – eu estava interessado em paleontologia, geologia e coisas semelhantes, enquanto que meu irmão mais velho estava interessado principalmente em coisas eletrônicas, e meu irmão do meio interessava-se apenas em beber e correr atrás de garotas. Mas eu era bastante sério. Naquela época eu estava no primeiro ano do segundo grau e senti que tudo estava indo na direção errada. Não sei como isso aconteceu, mas as coisas pareceram ficar fora de controle devido à minha infelicidade geral e à minha incapacidade de convívio social. Eu preferia ficar sozinho e me sentia muito nervoso o tempo todo. Até mesmo no grupo com o qual eu costumava sair eles me achavam muito estranho. O problema é que eu não sabia o que fazer a respeito disso. Então, no final das contas, fiquei muito doente e quase morri.

Há uma história de diabete em ambos os lados da família e a minha diabete surgiu num período de aproximadamente seis meses. Comecei a sentir sede e a urinar demais e aquilo continuou até que ficou muito ruim. Numa determinada manhã tive que voltar da escola para casa. No dia anterior, precisei ir ao banheiro a cada quarenta minutos. O que geralmente acontecia era que eu me segurava por aqueles quarenta minutos quase até arrebentar – eu não podia nem mesmo me concentrar no trabalho da escola. Mas eu não queria pedir para ir ao banheiro porque, naquela altura, os meus amigos já estavam suspeitando que havia algo de errado comigo. Eles achavam graça da minha constante necessidade de ir ao banheiro e aquilo me incomodava um pouco. Eu simplesmente agüentava. No fim, quatro ou cinco vezes durante o dia eu tinha que me levantar para ir ao banheiro durante as aulas. Fui para casa naquela noite me sentindo bastante chateado.

Na manhã seguinte eu me levantei e fui para escola, mas estava tão mal que novamente tive que voltar para casa. O médico veio me ver umas poucas vezes, mas eu fiquei cada vez pior e perdi muito peso. Durante aqueles seis meses, de 66 quilos passei a pesar aproximadamente 40 quilos. Eu me interessava por levantamento de peso, mas fiquei tão fraco que não conseguia mais levantar os pesos que eu normalmente levantava. Eu achava que tudo estava dando errado e não sabia o que fazer. Mas então, durante a semana seguinte após eu ter voltado para casa – não voltei mais para a escola depois disso – fiquei cada vez mais fraco e me preocupava muito com aquela situação. O médico vinha me ver e dizia: "Não há nada de errado com você; você está com uma gripe e uma infecção muito fortes." É claro que naquela altura eu realmente *estava* com uma forte infecção já que eu estava começando a ter pneumonia por estar muito fraco.

Uma manhã o médico me examinou e disse: "Você tem apenas uma forte infecção e vou lhe dar uma injeção de penicilina. Tome alguma destas vitaminas e dentro de uma semana você vai estar bem." E eu lhe disse: "Não se preocupe, pois eu sei que estou morrendo e o senhor não quer me dizer nada." Naquela altura eu achava que tinha câncer ou algo parecido e ele não me dizia nada. Ele me fitou como se aquilo o tivesse realmente assustado. Podia ver nos seus olhos que ele realmente tinha ficado assustado com o que eu havia dito. Ele falou: "Bom, eu vou lhe dar a injeção. Telefone-me se houver algum problema." Ele me deu a injeção e foi embora.

Passado algum tempo, acho que não muito tempo, talvez mais ou menos uma hora, eu estava deitado e, de repente, toda a minha vida passou como num relâmpago diante dos meus olhos. Simplesmente era como se tudo tivesse aparecido lá apenas por um instante e toda a minha vida estivesse sendo revisada. Foi bem assim. Aquilo era ainda mais desconcertante por eu não saber do que se tratava. Lembro apenas de como me senti completamente impressionado. Mas hoje, olhando para trás, eu a considero a menos significativa das experiências em termos de como ela me afetou emocionalmente.

Naquele momento eu não disse nada à minha mãe. Na verdade eu não conseguia mesmo me comunicar muito bem porque estava começando a ficar um pouco delirante. Provavelmente eu estava começando a entrar em coma. Não me lembro de ter entrado em coma ou algo semelhante, mas foi entre esse momento e aquele em que me encontrava na unidade de terapia intensiva que essas outras experiências ocorreram. Basicamente houve três outras experiências. Elas foram muito poderosas e me afetaram bastante. Na primeira, percebi que estava na frente e acima de um grande edifício e logo a seguir estava sobre a ambulância e sobre mim mesmo, sendo levado nela, e em seguida aquilo desapareceu. Na experiência seguinte, eu estava dentro do edifício, que mais tarde se mostrou ser o hospital, e eu flutuava pelo corredor. Era tarde da noite e acho que aquele deve ter sido o primeiro dia. Depois disso houve muitas experiências de percorrer um túnel com uma luz no final, mescladas com experiências de estar sobre o meu corpo, viajando pelos corredores e estar acima do hospital – não apenas no quarto mas bem acima, no lado de fora do prédio. Na verdade quando saí do estado de coma e percorri a ala em que eu havia estado nas últimas duas semanas, passei pelos mesmos corredores – eu sabia que tinha estado lá antes.

E então houve uma outra experiência, quando eu estava bem sobre o meu corpo, e essa foi a mais vívida. Pude então reconhecer, muito claramente, que era eu que estava lá embaixo. E veio a enfermeira e disse: "Gary, você tem que tomar um pouco de suco de laranja." Num momento eu estava lá em cima, e no próximo eu já estava no meu próprio corpo, com a enfermeira me forçando a tomar o suco. Ela deve ter me puxado diretamente de volta ao meu corpo e eu suspirei "ah!", e tudo parecia estar se fechando à minha volta. Quando me recordo rapidamente do que aconteceu, percebo que fui realmente puxado de volta para o meu corpo e aquilo foi muito doloroso.

Além dessas experiências houve uma outra que acho muito difícil de conceitualizar. Poderia-se dizer que eu estava num estado de presença luminosa ou algo parecido. Acho que é quase como se o sol ainda não tivesse surgido e você estivesse contemplando o mar; o sol não está no céu mas é amanhecer, um claro céu azul, algo semelhante a isso, mas na experiência não era azul nem nada semelhante. Não havia nenhum processo conceitual acontecendo enquanto eu experimentava isso, não havia nenhum ponto de referência, nenhum eu, nada. Não havia nem mesmo nenhum processo de pensamento, não havia eventos mentais em absoluto. A outra característica é que tive um intenso sentimento de bem-estar que me deixou uma impressão muito forte, pois eu nunca tinha sentido aquilo. Desde então, eu voltei a experimentá-lo às vezes durante a meditação, mas estraguei tudo tentando retê-lo de uma maneira muito forte. Tenho um desejo intenso de retornar àquele sentimento. Outras coisas, até mesmo a experiência sexual ou qualquer coisa desse tipo, adquirem um lugar secundário. A experiência da luminosidade foi extraordinária.

Quando tudo terminou eu simplesmente queria mais, mas ao mesmo tempo não quis dizer nada a ninguém porque achei que eu seria imediatamente rotulado de louco pelas pessoas e que elas achariam aquilo muito estranho. Embora eu não tenha tido mais experiências depois de sair do estado de coma, à noite eu me deitava na cama e repassava as imagens visuais, me perguntando se devia falar sobre aquilo ou se estava ficando louco. Acabei não dizendo nada a ninguém, a ninguém mesmo.

Depois que saí do hospital percorri várias igrejas e fui até mesmo a uma sinagoga. Eu como que investiguei várias religiões, a Bíblia, o que quer que fosse. Tentei descobrir qual era o significado total da vida. Aquilo tinha se tornado muito importante naquele momento. Eu quase havia morrido e por isso compreendia que a vida era realmente preciosa. Mas o que significava tudo aquilo? Então, num certo dia, eu fui a uma das livrarias Woolworths e havia uma liquidação de livros. Eu peguei o livro *The Teachings of the Compassionate Buddha* (*Os Ensinamentos do Buda da Compaixão*), e as primeiras palavras sobre Budismo que li em minha vida estavam naquele livro. O livro basicamente dizia: "Você é, em sua totalidade, o resultado daquilo que você pensou; o que você é está baseado em pensamentos, é constituído de seus pensamentos." Aquilo me atingiu como uma pedra de dez toneladas! Eu não estou brincando, aquilo me atingiu como uma bomba. E pensei: "É impressionante, é isso mesmo!" E lá estava eu, com apenas dezesseis anos, e nunca em minha vida tinha ouvido falar do Budismo.

Eu pensei: "Isto realmente significa alguma coisa, eu ter pego esse livro." Então fui até minha mãe e disse: "Olhe, eu gostaria de comprar este livro; custa apenas quarenta e nove centavos." Ela então me respondeu : "Você não vai querer isso, é puro lixo!" Ela havia sido instrutora de catequese mas, por várias razões, o seu interesse religioso desaparecera . Ela tinha literalmente desistido.

Nós costumávamos freqüentar a escola de catequese até a idade de seis anos, mas depois paramos de ir. Na verdade eu nunca tive uma formação religiosa, nem tampouco um sentimento por Deus ou algo parecido. Mas lá estava eu com aquele livro. Cheguei à conclusão, naquele momento, que tudo tinha surgido de dentro de mim mesmo, toda a experiência que eu tivera. E então, naturalmente, quando abri a segunda parte do livro, me deparei em especial com essa parte chamada de "O Milhar", que dizia: "Embora um homem possa vencer 1.000 x 1.000 homens numa batalha, aquele que vence a si mesmo é o maior guerreiro." Naquele momento eu simplesmente compreendi a tamanha confusão em que se encontravam os meus pensamentos e aquilo realmente me pôs na linha. E então pensei: "Bem, é tudo comigo!" Embora isso tenha produzido um certo alívio, era também muito duro tentar lidar com todas aquelas coisas. Aquilo me fez sentir bastante perturbado por um certo tempo.

No ano passado eu novamente tive pneumonia. Eu faço aparelhos para a espinha em um hospital para crianças e realmente tinha muito trabalho para fazer. A situação pode se tornar bastante dramática porque a deformação espinhal de uma criança pode acelerar-se de uma maneira incrível e muitas vezes os médicos necessitam ter o aparelho pronto em, digamos, quatro semanas. Eu fiquei bastante enfraquecido com o estresse. Devido ao meu estado de fraqueza, a memória daquela experiência começou a voltar. É claro que não voltou com a mesma força que tinha naquela época, mas eu pensei muito sobre ela. Eu tinha ficado muito deprimido devido à pneumonia e começara a duvidar de todas as coisas que eu estava fazendo em minha vida – se eu estava indo na direção certa e coisas assim. O simples fato de ter a memória daquela experiência foi, na verdade, o que gerou o ímpeto para prosseguir em minha jornada espiritual. Percebi que a vida é curta.

Mesmo quando eu era muito pequeno lembro-me de já estar consciente de que a vida é curta e de que vamos morrer. Entre os cinco e sete anos eu me deitava na cama à noite e pensava: "Eu vou morrer a qualquer momento." Simplesmente ficava deitado e pensava naquilo e então acabei tendo um medo terrível de ir para a cama de noite porque tinha que me defrontar com aquele tipo de pensamento. Por dois anos eu fiquei bastante perturbado por causa desses pensamentos, mas mesmo assim eu não disse nada para ninguém. Então, com dezesseis anos, a morte era de repente a grande questão novamente, mas depois daquela experiência eu não tinha mais medo, absolutamente nenhum medo, embora eu ainda estivesse tentando superar o que havia acontecido.

Hoje eu tenho medo de morrer mas não tenho medo da morte. Acho que o que estou querendo dizer é que tenho medo da dor. Mas aquela experiência da luminosidade exerce uma atração mais forte – obviamente é isso que eu quero redescobrir. Ela me faz lembrar que devo continuar em meu caminho espiritual. Na verdade eu tomei a decisão de deixar o meu emprego no ano que vem. Gostaria de ir para a Índia por uns tempos e estudar Budismo tibetano. É estranho porque há mais de onze anos atrás eu assumi esse trabalho pensando que logo partiria para a Índia, mas as circunstâncias transcorreram de uma forma estranha e me tornei muito bom no trabalho de fazer aparelhos para a espinha e tive todas essas idéias para tirar medidas e raios X e assim, naturalmente, me envolvi muito com o que eu estava fazendo. Num certo dia eu subitamente percebi que minha intenção original tinha sido deixada à margem da estrada. Mas agora decidi ir.

Hoje eu acredito que o que experimentei é o que acontece após a morte. Até onde a minha compreensão experiencial alcança é exatamente isso que ocorre. O resto das minhas crenças é apenas uma coleção de fragmentos intelectuais que reuni desde então. O sentimento que havia durante aqueles momentos era simplesmente de um estado de pura e total presença. Eu estava completamente presente. Eu estava lá e aquilo era a única coisa que importava. Olhando para trás, eu lembro do sentimento de bem-estar que tive durante a experiência luminosa. Posteriormente, houve alguns momentos em que realmente duvidei de ter experimentado aquilo, até mesmo parte daquilo. Mas hoje em dia, durante a meditação e também na minha vida diária, aquela experiência de luminosidade se tornou muito importante. Sinto que consigo gerar bastante força apenas com a memória daquela experiência.

Tenho duas opiniões no que diz respeito ao fato de eu não ter morrido; acredito que podem acontecer coisas às pessoas que estão fora do seu controle, como também podem acontecer coisas que elas podem controlar, e ambas as possibilidades parecem estar indissociavelmente entrelaçadas. Onde uma encontra a outra eu não sei. Não sei se aquela experiência tinha um outro propósito além daquele que eu lhe atribuíra. Acho que sinto que a experiência é o resultado de muitas circunstâncias que acabam frutificando, o que você poderia chamar de carma se quiser. Entretanto, depois que tive aquela experiência senti que ela tinha um grande significado. Mas se surgiu porque havia um plano divino ou algum tipo de ser luminoso, superalma ou que quer que seja, eu simplesmente não sei.

A experiência foi significativa porque me mostrou que há uma dimensão diferente da mente da qual, normalmente, não temos nenhuma consciência. Ela abriu muito a minha mente porque, naquela época, eu me sentia completamente frio em relação a tudo – eu pude perceber que havia uma total falta de amor em minha vida. A experiência realmente me transportou para algo completamente diferente.

Não contei nada sobre ela a ninguém a não ser cinco anos mais tarde. Sou muito diferente do resto de minha família em meu modo de pensar, e por isso não podia dizer a eles. Mas quando eu tinha vinte e um anos visitei uma comunidade budista e foi lá que me ocorreu a idéia de que eu *poderia*, naquele ambiente, falar sobre a experiência. Na verdade eu fiquei surpreso em ver como eles estavam abertos para me ouvir, embora eles não tivessem tido experiências similares.

Com o passar dos anos eu me tornei muito intuitivo. Desde aquela experiência eu descobri que sou capaz de dizer o que as pessoas estão pensando. Muitos dos pais de meus pacientes me dizem que acham extraordinária a minha intuição sobre sua situação familiar. Em meu trabalho eu conto muito com isso ao invés de depender de grandes teorias médicas. Acredito que o amor, a afeição, a compaixão e a generosidade realmente curam as pessoas. E é assim que tenho agido em relação às crianças que são meus pacientes.

Quando criança eu estava sempre muito distante de todos e bastante fechado em mim mesmo – durante um certo tempo as pessoas até pensaram que eu era autista ou algo parecido. Tive que usar um aparelho de ferro para a perna até a idade de dez anos. E por isso suponho que minha sensibilidade em relação a mim mesmo e às outras pessoas tornou-se para mim uma preocupação básica desde que eu era muito pequeno. Agora, quando vejo outras pessoas sofrendo, isso me afeta profundamente.

Um sensitivo me disse que minhas mãos irradiam bastante força. Em meu trabalho uso muito minhas mãos, fazendo e ajustando aparelhos para a espinha e, portanto, de alguma forma, minhas mãos são verdadeiramente importantes. Quando estou ajustando o aparelho fico muito tempo bem próximo da criança, que está seminua o tempo todo. E por isso tenho que estabelecer um relacionamento de confiança. O contato, na maior parte do tempo, restringe-se apenas a fazê-la se curvar ou se movimentar para ver o quão flexível está a sua espinha. Mas, na verdade, enquanto as crianças estão lá eu falo com elas e aliso suas costas. Acho que é importante e me parece ser algo bem natural. A maioria das crianças necessita desse tipo de coisa, elas precisam de algum tipo de toque amigável e não apenas de palavras amigáveis, pois o toque é mais poderoso. Não penso muito sobre isso, simplesmente me parece algo que precisa ser feito num certo momento e o faço. Sinto que o mais importante é fazê-las aceitar o que lhes está acontecendo – que elas têm um problema, que têm de usar um aparelho para a espinha, mas que elas ainda podem ficar boas.

Ainda não estou certo de como a experiência se relaciona com a minha vida diária comum, embora tenha começado a perceber, nos últimos dois anos, que é importante mantê-la viva em minha vida ao invés de simplesmente deixá-la desaparecer por completo. Acho que para mim a maior mudança foi encontrar meu caminho espiritual através daquela experiência de luminosidade. Mas tenho certeza de que ela não está destinada a ser benéfica apenas para mim. Ela também se destina aos outros.

# EDWINA

*Meu primeiro encontro com Edwina ocorreu em uma noite fria e chuvosa. Ela residia num conjunto de casas geminadas em um grande bairro no centro da cidade. Tinha acabado de chegar em casa com uma amiga no momento em que eu me aproximava da porta de entrada. Apesar do tempo ruim ela disse "olá", com um largo sorriso, e em seguida desatou a rir com o seu esforço de abrir a porta enquanto fazia malabarismos com sua sombrinha e sua bolsa. Falava constantemente enquanto entrávamos em sua casa, largou tudo o que carregava do lado de dentro da porta e em seguida se pôs a abrir caminho através de um monte de livros, papéis e outras bugigangas. Ela então parou, levantou ambas as mãos num gesto de "eu desisto!", riu bastante, pediu desculpas pela desordem e nos preparou uma xícara de chá. Sua exuberância e bom humor encheram a pequena sala. Nós três então sentamos no chão, em volta de uma mesa de centro, para fazer a entrevista.*

*Edwina é formada em Direito e trabalha no campo da legislação de corporações. Ela tem altura média, cabelo castanho claro curto, olhos claros e brilhantes e um sorriso amplo. Sua primeira experiência próxima à morte, da qual se lembrava vagamente, ocorreu quando ela contraiu tifóide aos três anos de idade. Teve sua segunda EPM aos quinze anos, durante uma operação de câncer da tiróide. A entrevista ocorreu dez anos mais tarde, quando ela tinha vinte e cinco anos.*

Eu tive a experiência mais importante quando tinha quinze anos de idade. Quando ela ocorreu era como se fosse uma lembrança do que tinha acontecido antes.

Eu estava saindo da sala de operação – o fato aconteceu na sala de recuperação – e apenas me lembro de ter partido. Eu como que flutuei para fora de mim mesma. Percebi que estava olhando para mim mesma lá embaixo e então, num piscar de olhos, eu estava num lugar que era todo luz, como se não houvesse nada a não ser centenas de cores e luzes – mas também não era bem assim; essa é a única maneira que consigo descrevê-lo. Era como atravessar um túnel, atravessar algo em alta velocidade e ver a luz lá no fim. Ouvi um som que parecia um assobio, como se fosse um vento rápido ou algo parecido. Era como se cada vento e cada mar se juntassem numa torrente, mas o seu rugido não era ensurdecedor. Pareciam raios de luar prateados e o barulho que fariam na água se os imaginássemos fazendo algum barulho. Você me entende? Um som semelhante ao que é produzido quando varremos alguma coisa

No fim do túnel eu vi fragmentos de luz flutuantes. Era como se cada um daqueles fragmentos de luz fosse algum tipo de entidade, mas eles eram todos partes de uma única coisa. Suponho que eram como se fossem amebas, todos vinculados uns aos outros mas, ainda assim, com algum grau de definição (risos).

Depois eu me recordo de estar na luz, de ser súbita e totalmente engolfada pela luz. Digo "engolfada", mas a sensação era muito agradável. Talvez eu pudesse dizer "incluída" – estou tentando encontrar palavras positivas e usá-las no sentido correto. E, de repente, tive a sensação de que tudo estava bem, tudo estava perfeitamente bem. Este é o sentimento de que mais me lembro. Eu tinha a sensação de que nenhum outro sentimento no mundo se comparava com aquele. Posso dizer que é a coisa mais bela que senti em minha vida, mas dito assim soa como se fossem apenas palavras. O sentimento não é apenas um processo de pensamentos, não é intelectual. Esta é a dificuldade que estou tendo; quando trato da experiência sob um enfoque intelectual, quando tento escrevê-la num pedaço de papel, digo então para mim mesma que não foi esta cabeça que a concebeu. Foi algo diferente, totalmente destituído de intelectualização, totalmente destituído das caixinhas nas quais colocamos as coisas. Acho que é como descrever uma paixão arrasadora. Mas não é algo que implique esforço. Não é uma paixão extenuante; é como uma paixão que simplesmente existe. Foi maravilhoso.

No momento seguinte eu estava voltando e, subitamente, me encontrava de volta ao meu corpo, lutando com essa máscara de oxigênio que, aparentemente, tinha entupido (risos). Acho que me *fizeram* voltar. Não acho que eu realmente tivesse alguma escolha pois eu não tinha nenhuma intenção de voltar mas, seja como for, acabei voltando para cá de qualquer maneira (risos). Por vários anos fiquei com a impressão de que eu realmente não queria voltar. Hoje não sinto isso tão intensamente como naquela época, mas creio que quando eu tinha dezessete ou dezoito anos era uma situação do tipo "eu não quero estar aqui!" (risos)

É tão difícil descrevê-lo. Sinto que todo o meu ser, a energia de minha alma, minha própria essência, foram tocados naquele estado. Ele pareceu produzir uma abertura da minha psique e da minha compreensão do mundo. E esse sentimento permaneceu comigo, ele não desapareceu. Às vezes eu volto a ele subitamente, e isso me dá tamanha energia que sinto que possuo perseverança suficiente para passar por qualquer situação a qualquer momento. E hoje, sobretudo quando medito, tenho aquele sentimento de comunhão total, uma unidade com cada pedaço de energia no universo, quer seja negativa ou positiva. Isso quase criou em mim um tipo de atitude amoral em relação à vida. Hoje eu sinto que não há nenhum bem ou mal separados, mas uma combinação de opostos, e também que tudo é necessário.

Não falei muito sobre isso com outras pessoas; não parecia ser necessário. Falei sobre a experiência com minha avó – ela veio para a Austrália logo após a minha operação – mas foi algo fácil pois ela tinha uma profunda compreensão sobre essas coisas. Mas na maior parte do tempo não era necessário falar sobre isso – era como se fosse um pequeno segredo que eu guardava para mim mesma e que deixava florescer. Tentar contá-lo para qualquer pessoa parecia ser algo que o levaria embora ou o destruiria. Ele era muito precioso. Eu ainda não li nada sobre esse assunto (risos). Parece que todo mundo que não teve uma experiência quer ler a respeito! Mas sempre penso que se comparar (a minha experiência) com as experiências de outras pessoas isso poderia descaracterizar a minha própria experiência.

É claro que naquela época eu sabia que poderia morrer. Eu tinha câncer e, portanto, havia passado por todo aquele processo de ter um medo terrível de morrer e sabendo que eu poderia morrer, quer fosse em uma semana, dois dias ou o tempo que levasse. Eu não sabia se teria cinco anos de vida ou se viveria até o resto da minha vida, algo assim. Por ser jovem, tratei tudo como se fosse um sonho. Descobrir que eu teria que ser operada e passar por tudo aquilo era como se fosse um sonho. Mas quando tive aquela experiência eu não pensei que tinha morrido; eu simplesmente pensei: "Isso é muito legal!" (risos)

Desde então senti que o que sou interiormente, e *quem* eu sou, é algo muito diferente e distinto do corpo físico. Embora as pessoas normalmente se identifiquem com o seu corpo, eu não me identifico. Na verdade, ainda tenho muita tendência de flutuar para fora do meu corpo.

Minhas idéias sobre a morte obviamente mudaram. Quando eu era bem jovem estava sempre interessada na morte e no morrer. Eu tinha um fascínio sentimental pela morte quando criança, absolutamente sentimental. Eu costumava passear por cemitérios. Pessoas da minha família ainda implicam comigo por causa disso, pois dos três até quase os onze anos eu costumava passar horas olhando para velhas lápides. Sabe como é, fascinação total, totalmente mórbida. Minha mãe como que suportava isso e me levava aos cemitérios. Eu realmente ficava totalmente fascinada, de uma forma mórbida, com tudo aquilo. Mas na época em que a experiência ocorreu isso havia mudado. Eu tinha sido educada na Igreja Anglicana – cresci com o temor a Deus, mas não era uma pessoa religiosa. Não creio que eu tivesse algum tipo de crença no céu e, ao mesmo tempo, pensava que a morte era como uma grande parede escura, sem nenhuma continuidade entre o passado e o futuro – era simplesmente o fim.

Mas hoje eu penso: "Bem, quando for para acontecer vai acontecer e tudo bem." Por outro lado, não quero que isso aconteça muito cedo, porque agora sinto que há coisas aqui que eu realmente quero fazer. Não quero ter que voltar! (risos) Eu preferiria arrumar tudo por aqui e depois ir. Mas me sinto muito contente. Acho que se for como a experiência que já tive vai ser algo muito divertido (risos). Hoje acredito que vamos, no mínimo, para um lugar de repouso duradouro, e que todo esse pensamento e pânico que introduzimos em nossa vida não terão mais importância.

Não tenho, em absoluto, medo da morte, mas nunca cometeria o suicídio porque, por alguma razão, acho que se o fizesse eu não acabaria naquele lugar, eu não iria para onde estava a luz. Eu poderia acabar sentada no túnel, esperando para voltar (risos). É apenas um sentimento. Mas, seja como for, eu tenho muitas coisas adoráveis nesta vida para cuidar e para fazer, para sequer pensar em fazer uma tal coisa.

Eu me considero uma pessoa muito espiritual – para mim isso é mais importante do que qualquer outra coisa. No ano passado estive envolvida com uma igreja espírita, principalmente porque lá havia muitas pessoas que eram clarividentes experimentados. Eu me senti em comunhão com aquelas pessoas. Eu vinha tendo enorme dificuldade em lidar com o que estava ocorrendo em minha cabeça e, portanto, era muito bom estar com pessoas que estavam dispostas a aceitar tudo, por mais estranho que fosse. Mas deixei aquele grupo. Agora estou firmemente convencida de que a igreja e a religião estão totalmente divorciadas da espiritualidade. Não importa qual seja a religião. Elas são incapazes de ajudar os indivíduos no caminho que conduz à compreensão. A única maneira em que as pessoas podem encontrar essa compreensão é olhando dentro delas mesmas, olhando cada vez mais profundamente. Sinto que a maioria das religiões afasta as pessoas disso. No entanto, acredito em Cristo e acredito em Deus, mas não no tradicional Deus da igreja. Acredito que aquela luz toda é o que chamamos de Deus, e que Cristo é um símbolo da habilidade do gênero humano de elevar-se até aquele estado de luz.

Hoje em dia eu medito e trabalho com curas, cura psíquica clarividente. E rezo, mas agora rezo para um deus interno ao invés de rezar para um deus externo. Entretanto, ainda estou muito aberta a outros caminhos espirituais. Posso achar que eles não são para mim mas ainda assim quero compreendê-los e aprender mais acerca de outras formas de espiritualidade.

Antes da EPM eu me identificava, de maneira muito forte, com a minha mente – sempre fui muito desenvolvida intelectualmente. Agora eu tento encontrar um equilíbrio entre espírito, mente e corpo, mas no momento o equilíbrio inclina-se muito mais em direção ao espiritual. E tem sido assim nos últimos dois anos. Portanto eu suponho que o corpo ainda está ficando um pouquinho para trás (risos). Sempre tive uma auto-estima muito baixa no mundo físico e, num certo sentido, ainda tenho. Trabalhar no ambiente de legislação corporativa faz com que todos os seus colegas homens pensem que se você não é alta, magra e loira não vale a pena falar com você. Às vezes isso me chateia, mas aí eu penso: "Espere um momento, esse tipo de coisa não é importante." Fora isso, eu normalmente sou bem positiva em relação ao que tenho para oferecer. Mas compreendo que isso não pode ser oferecido a todos e não é algo que todos possam compreender.

Compreendo muito nitidamente que a experiência me trouxe certos dons muito importantes com os quais eu posso auxiliar outras pessoas. Tenho certeza de que a calma e a paz que surgem com esse tipo de compreensão podem ser espalhadas ao nosso redor e usadas para auxiliar a ensinar outras pessoas de diferentes maneiras. Levou um bom tempo até que eu compreendesse isso, mas agora sei que tenho que centrar toda a minha vida ao redor dessa compreensão. É por isso que estou deixando o meu trabalho. Após a EPM, quando eu tinha concluído os estudos, fiquei um ano sem trabalhar. Eu tinha sido tão cuidada e tão controlada pelo meu pai que toda a minha carreira legal já estava traçada para mim. Inicialmente cedi à tentação de realizar certas coisas mas, a partir de um certo momento, não pude mais encarar aquilo seriamente. Sabe, o sucesso material não é importante para mim. Se quisesse sucesso material eu não estaria abandonando a advocacia. Eu poderia ganhar centenas de milhares de dólares por ano no tipo de trabalho em que estou, mas sei que isso me mataria. Como você pode ver, não sou muito ligada em posses materiais, mas sim em velhas bugigangas (risos).

Também sei que a mim me foi dada uma mente muito intelectual por uma certa razão e não estou tentando negar isso. Mas, agora que sei que este trabalho advocatício não é o certo para mim, é uma questão de confiar que a coisa certa aparecerá com o tempo. Eu sei que eventualmente ela irá tornar-se incrivelmente clara, mas ainda preciso de mais tempo. Ainda não decidi o que devo fazer. Não sei se devo ir dar cursos de medicina natural e assuntos semelhantes, mas muito do que as pessoas aprendem nesses cursos são coisas que me parecem já conhecidas. Elas simplesmente acontecem e eu as compreendo sem ter de aprender acerca delas. A experiência me deu uma enorme riqueza de conhecimento. O mais difícil para mim tem sido não saber como usar esse conhecimento no mundo.

Eu sempre soube que coisas psíquicas poderiam acontecer, sobretudo devido à minha avó que me ensinou a ler as mãos quando eu tinha quatro anos de idade. Quando era criança eu sempre soube que podia ver coisas. Eu costumava ver os lugares antes de ir até eles, e quando chegava lá eu sabia que era o lugar com o qual eu havia sonhado. Este tipo de coisa costumava acontecer muito, mas não no grau em que acontece agora. Agora isso acontece o tempo todo. Até aumentou no ano passado.

Tenho dois amigos que se comunicam telepaticamente comigo. Às vezes isso também acontece com pessoas que não conheço muito bem, mas normalmente tento ser muito cuidadosa em relação a essas coisas. É muito perigoso me abrir para com todo mundo, mas com meus amigos especiais é realmente bom. Acho que o meu sentido intuitivo esteve adormecido por cinco anos, enquanto eu estava, por assim dizer, me colocando em ordem, mas nos últimos dois anos ele tem estado especialmente forte.

Tive muitas experiências fora do corpo depois da minha EPM. Às vezes, quando estou realmente afinada, eu consigo sair do corpo e ir visitar pessoas, não apenas por telepatia, mas indo ao local onde as pessoas se encontram. Mas não faço isto muito seguidamente. Somente o faço quando se trata de algo muito importante, quando estou em apuros ou algo assim. Por outro lado, às vezes tenho uma experiência fora do corpo quando menos espero. Isso normalmente acontece quando há um determinado grupo de pessoas à minha volta que eu conheço muito bem. Então eu me sinto segura, sei que serei chamada de volta, e que não vou me perder por lá em algum lugar. Isso acontece, ou eu o faço, aproximadamente uma vez por mês.

Faço transe mediúnico mas não muito seguidamente, hoje em dia muito raramente, sobretudo porque você tem que ter as pessoas certas à sua volta e fazê-lo pela razão correta. Fiz um pouco disso domingo à noite, mas apenas porque era pela razão correta e no momento correto. O mesmo raciocínio se aplica à cura – só faço quando é necessário. Ela se mistura muito com o transe de canalização*, porque a cura muitas vezes inclui esse tipo de transe. Trata-se de ver coisas e explicá-las às pessoas. É saber, num nível profundo, de onde vêm a dor e a angústia das pessoas. É ser capaz de explicar isso a elas e auxiliá-las a se livrar do problema tornando-se conscientes dele, para então eliminá-lo. Mas tem que ser com alguém vulnerável a esse tipo de energia. Não pode ser feito com alguém que não quer mudar. Parece que me dizem quando fazê-lo e a maneira correta de fazê-lo. Além do mais, cada pessoa tem uma necessidade diferente.

Tudo isso torna a vida a melhor coisa do mundo e me faz sentir que a vida vale a pena. Sinto que realmente tenho algo positivo e belo para oferecer. Não sei como explicar, mas tenho compaixão por tudo e por todos e é como se fosse um amor que tudo abarca, mas não um amor que necessita de algo. É amor *incondicional*. Compreender o amor incondicional é uma das maiores coisas que existe. Isto seria a coisa mais adorável que eu poderia ensinar a alguém. Se eu pudesse dar às pessoas nem que fosse um segundo do sentimento de amor incondicional é exatamente isso o que eu faria. No trabalho de cura, às vezes, consigo levá-las até o ponto onde, de repente, elas experimentam aquele um segundo de amor incondicional e esse segundo, muitas vezes, pode ser suficiente para fazê-las querer voltar e descobrir como chegar lá por si mesmas.

---

* No original em inglês: channelling (N. ed. bras.)

Hoje em dia, se algo acontece ou alguma coisa começa a me preocupar, eu procuro estar entre as árvores. Sentir a sua energia é o suficiente. Mudei para este bairro bem recentemente e, no começo, fiquei um pouco abatida. Mas agora descobri um pequeno parque para ir no final do bairro e, é claro, há também o porto e o zoológico. Vou lá quase todo fim-de-semana e é ótimo. Não gosto de ver os animais atrás das grades, mas amo os animais e também amo estar entre as árvores. Eu realmente amo e aprecio muito fazer isso. Na verdade, com exceção do trabalho, o meu estilo de vida é bom demais! (risos)

O que eu mais gosto é de passar momentos agradáveis com as pessoas que estimo. Eu aprendi, desde que tive a experiência próxima à morte, que o amor é o sentimento mais importante no universo. Amor, amor, amor. O que quero dizer é que foi isso que me causou o maior impacto como pessoa. O amor é a coisa mais importante no universo e esse sentimento é tão forte que às vezes me faz chorar, às vezes me faz rir. Mas, seja qual for o modo como você o encare, ele é simplesmente fantástico!

# DENISE

*Denise tinha viajado de Queensland para assistir a uma conferência em Sydney, e combinamos de nos encontrar em seu hotel. Ela é alta e imponente, com cabelo loiro curto e feições bem aquilinas. Mas são sobretudo os seus olhos que chamam a atenção – são azul-claros e muito penetrantes. Se tem a impressão de que ela é capaz de ver diretamente através de qualquer pessoa ou qualquer coisa. Conversamos por alguns minutos no saguão e depois subimos para o seu quarto para fazer a entrevista.*

*Num determinado momento, durante a entrevista, o seu marido voltou para o quarto. Ela pediu que ele saísse novamente e depois explicou que nunca tinha dito nada a ele sobre a sua experiência próxima à morte: "Achei que ele a consideraria uma tolice sem sentido."*

*Denise sempre manteve contato desde a nossa entrevista. Trocamos muitas cartas e telefonemas e até mesmo nos encontramos em duas ocasiões, em algumas de nossas viagens. No dia seguinte à nossa entrevista ela foi parar no hospital após ter tido uma reação alérgica a um medicamento que estava tomando. Embora tenha havido um período de inconsciência, ela não se lembrava de nenhuma EPM naquela ocasião. Entretanto, como ela disse mais tarde: "Quando recobrei a consciência, algumas decisões tinham sido tomadas." Ela sabia que tinha que deixar o seu casamento violento e fazer um novo começo. Ela também sabia que tudo acabaria bem.*

*Dois meses atrás Denise se casou novamente, desta vez com um colega que também já havia passado pela EPM, e umas poucas semanas mais tarde nós todos nos encontramos novamente num encontro de pessoas que haviam vivido EPMs.*

*Denise tinha dezoito anos quando teve sua experiência, e gravamos a entrevista a seguir vinte e quatro anos depois.*

Eu sofri um acidente de carro. Minha amiga e eu tínhamos viajado no fim-de-semana e estávamos voltando para casa. Eu já estava dirigindo há quatro horas quando ela me perguntou se eu gostaria que ela dirigisse. Infelizmente eu disse sim. Não me ocorreu perguntar se ela tinha carteira de habilitação, pois não pensei que alguém faria uma tal oferta sem ter habilitação. Momentos depois de assumir a direção ela foi para o acostamento coberto de pedregulhos, derrapou, atravessou a pista e o carro então capotou e continuou capotando enquanto caía no barranco à beira da estrada. Enquanto isso acontecia eu fiquei semidesfalecida. Eu não estava completamente inconsciente; estava como que a meio caminho entre a consciência e a inconsciência. A motorista sofreu apenas arranhões, mas eu sofri lesões na espinha, e meu pé atravessou a janela, o que resultou em cortes profundos e quase na completa perda de um dos dedos. Enquanto o carro capotava eu também bati minha cabeça muitas vezes pois, naquela época, o uso do cinto de segurança não era obrigatório.

Nossa sorte foi que um motorista de caminhão, que vinha na direção oposta, viu o carro capotando e possuía um rádio para chamar uma ambulância. E mais uma vez tivemos sorte, pois uma ambulância estava levando alguém em casa justamente naquela área (distante cerca de uma hora da cidade). E por isso a ambulância logo chegou. Naquele momento era como se eu flutuasse entre a consciência e a inconsciência.

Cheguei ao hospital e fui levada para a sala de operações, onde um médico e uma enfermeira jovens começaram a suturar o meu pé. Senti como que estivesse deixando o meu corpo e olhando para eles da parte de cima da sala. Eu sabia que aquela lá embaixo era eu, mas também sabia que a minha parte importante estava lá em cima onde eu me encontrava. Eu não tinha recebido nenhum anestésico ou algo parecido e estava realmente muito preocupada porque sabia que iriam operar o meu pé para reimplantar o dedo. Eu tentava dizer a eles: "Olhem, eu estou bem consciente e isso vai doer. Eu não quero que vocês comecem a me costurar sem me dar algo para estancar a dor." Mas eles obviamente não estavam se comunicando comigo, eles estavam namorando. (Depois que voltei a mim, fiz um comentário em tom jocoso sobre isso ao médico. Ele ficou branco e sem fala, em estado de choque. Ele parecia envergonhado mas, posteriormente, não tocou mais no assunto.)

Seja como for, eu estava como que olhando para eles lá de cima mas não conseguia alcançá-los. Lembro-me então que – realmente não sei como descrevê-lo – eu estava inicialmente olhando para tudo o que estava acontecendo quando então aquilo se transformou numa experiência semelhante à de Alice no País das Maravilhas, como se eu estivesse olhando através de um túnel. Tive uma sensação de escuridão, de rodopio, de queda, que depois deu lugar a uma sensação de subida, como se um impulso estivesse sendo preparado. Era muito escuro, mas nem um pouco aterrorizante, e eu estava sendo puxada para cima, através de um túnel que se tornava cada vez mais brilhante. Havia uma luz no fim do túnel. Ela era amarela e branca, mais branca do que dourada, mas indescritível e bela. Era uma pessoa mas, ao mesmo tempo, não era uma pessoa; um deus talvez, mas sem uma forma definida. Tomei a pessoa como sendo Deus, mas o Deus de todas as religiões e não de apenas uma. Foi uma experiência realmente agradável. Eu estava consciente de alguém falando comigo, mas não através de palavras. Era como se fosse uma transferência de pensamento. Encontraram-me na passagem, mas não me permitiram atravessá-la. Disseram: "Não, você é muito jovem e tem uma vida de serviço pela frente. Você deve voltar." Senti uma profunda sensação de pesar com aquilo, mas sabia que não podia discutir. Eu normalmente discutia com as pessoas, mas aquela era uma decisão final. Não era algo em que você pudesse interferir. Eu não queria desistir mas não havia escolha. No começo eu me senti muito rejeitada. Eu queria me agarrar à experiência mas, você entende, eu parecia não estar pronta para a luta. Senti que estavam me dizendo: "Vá embora." Senti uma grande decepção e um profundo sentimento de perda. Mas depois, quando me recuperei, fiquei curiosa e comecei e me perguntar o que significava "uma vida de serviço", pois até então eu não tinha feito muito nessa direção.

Nesse meio tempo haviam me levado da sala de operações. Eu tinha morrido. Os meus pais foram avisados de que eu estava morta e meu pai ficou profundamente chocado – ele teve um ataque cardíaco. Minha tia chegou logo em seguida. Ela ainda não sabia que eu estava morta. Mas foi ela e o meu tio que finalmente entraram e me encontraram. Eu estava lá deitada, sem roupas, numa daquelas mesas de aço inoxidável no necrotério. Naquela altura eles já haviam sido informados de que eu estava morta e, ao que parece, tinham vindo para me identificar, mas quando eles mal tinham entrado na sala eu olhei para eles! Eu estava sentindo muito frio e lhes pedi um cobertor.

A experiência pareceu esquisita, mas foi muito agradável. Parecia ser um processo de transição. No momento em que senti a profunda sensação de desespero e rejeição, eu estava bem consciente de estar numa encruzilhada, estava bem cônscia de que aquele era o ponto em que se morria. Mas não havia nenhum medo e, desde aquela experiência, não associo nenhum medo à morte. Tenho trabalhado com pacientes moribundos e sei que posso compartilhar minha experiência com eles. Eles sentem que a morte não me traz nenhum medo e, portanto, se sentem capazes de falar sobre sua própria morte. Acho que, normalmente, as pessoas apenas têm medo do desconhecido.

Eu era muito jovem quando isso aconteceu e desconhecia qualquer coisa parecida, por isso, fiquei muito constrangida com aquilo e cheguei a pensar que estava enlouquecendo. Eu simplesmente não conseguia compreender. Embora sentisse que era uma experiência muito significativa, eu não a comentei com ninguém. Não queria que ninguém a menosprezasse. Para mim ela tinha sido uma experiência agradável, comovente e muito intensa.

Mais tarde, quando comecei a trabalhar com psiquiatria, achei que talvez tivesse sido algum tipo de reação enzimática ou algum desequilíbrio químico relacionado ao choque ou ao estresse. Não falei nada a ninguém a não ser doze anos mais tarde, quando li um relato publicado na revista *Seleções do Reader's Digest* em meu trabalho. Fiquei tão espantada que disse às pessoas que estavam na sala: "Oh, mas isso é exatamente o que me aconteceu!" Foi um tipo de reação involuntária. Começamos a falar sobre a experiência, mas mesmo assim eu não falei muito. Depois disso eu não a comentei com mais ninguém, até que a mencionei ao meu supervisor durante o meu treinamento para o diploma de pós-graduação em aconselhamento.

Até hoje eu realmente não gosto de falar sobre a experiência. Para mim ela é algo pessoal, como um orgasmo, por exemplo, que você não sai por aí contando para todo mundo. É agradável, mas é pessoal. Não é que eu tivesse vergonha; simplesmente é algo que sempre foi muito particular. Não estou nem mesmo interessada em ler sobre o assunto. Li algo no jornal recentemente e era tão estúpido que pensei: "Bem, no que me diz respeito, esta é a minha experiência, sei como me sinto e para mim é totalmente irrelevante o que as outras pessoas pensam a respeito."

Antes de ter a minha experiência próxima à morte, eu realmente não tinha pensado muito acerca da morte. Suponho que eu tinha a idéia, bastante comum entre as pessoas, de que a morte era algo final e muito escuro. Mas depois da experiência mudei a minha visão completamente. Agora eu sei que a morte não é uma experiência assustadora.

Houve uma época, há poucos anos atrás, em que fiquei bastante deprimida – simplesmente não sabia para onde eu estava indo, mas não diria que estava com tendências suicidas. Vejo muitos suicidas em meu trabalho. Eu simplesmente não adotaria o ponto de vista de que as pessoas devem ser forçadas a viver a todo custo. Mas eu nunca acabaria com a minha própria vida, pois ela é algo que me foi dado. No momento certo sei que ela será levada, quer seja amanhã ou daqui a vinte anos. Por isso, para mim, o suicídio não é uma opção.

Fui criada na tradição da Igreja Anglicana e, por isso, falava-se muito em fogo do inferno e em condenação eterna. Depois da EPM eu rejeitei essas idéias. Eu simplesmente sentia que antes, para mim, Deus era um Deus muito estranho, mas depois (da EPM) aquela imagem não era mais cabível. Quando retornei da experiência era como se tudo tivesse sido esquecido e houve um começo completamente novo. Deus, para mim, não é mais um ser que julga. Depois (da EPM) senti muita raiva e rejeitei a religião. Também nunca mais fui à igreja. É quase como se eu sentisse que tenho as respostas. Sei que isto soa muito superior, mas essa não é a minha intenção. É que agora eu não consigo mais aceitar os sermões dos ministros. E é por essa razão que faço uma distinção entre religião e espiritualidade. Sinto que algumas pessoas não compreenderam isso direito.

Tenho muitas experiências psíquicas. Eu era muito, muito próxima ao meu pai e sempre sabia como ele estava – nós como que nos comunicávamos sem ser através das vias normais. E às vezes eu levantava para atender o telefone e ele não tinha tocado, e eu dizia: "Oh, é melhor eu atender o ...", e antes de eu terminar a frase o telefone começava a tocar. As pessoas acham isso realmente muito estranho. Às vezes eu estava bastante enganada acerca de quem estava ligando, mas diria que oitenta por cento das vezes eu sabia quem era. Entretanto, a não ser isso, normalmente só tenho esse tipo de experiências com pessoas que me são próximas.

Eu lembro que uma vez, no começo dos anos setenta, acordei no meio da noite e disse ao meu marido: "Oh, está havendo um incêndio terrível!", e descrevi tudo o que estava acontecendo e as pessoas que não puderam sair do local. Ele disse: "Não seja boba, você está tendo um pesadelo." E então de manhã ouvimos no noticiário sobre um terrível incêndio na Bélgica e tudo o que eu descrevera tinha acontecido. Realmente não consigo entender por que aquilo ocorreu, a não ser pelo fato de que eu me correspondia com uma pessoa na Bélgica. Nunca mais soube dela e por isso presumo que ela morreu naquele incêndio. Foi um sentimento terrível; era quase como se eu estivesse estado lá – eu podia sentir o cheiro de queimado.

Tenho uma sensação impressionante de que estão cuidando de mim. Mas agora também compreendo que quando algo é ruim, trata-se apenas de algo que é temporário, que auxiliará o meu crescimento. Tive algumas experiências terríveis em minha vida – por exemplo, sofri abuso sexual quando era criança e, quando adulta, fui novamente estuprada – mas sinto que estas experiências me auxiliaram a ajudar outras pessoas. Trabalho muito com pessoas que têm problemas sexuais e sinto que algumas experiências pelas quais passei me ajudaram a ser uma aconselhadora melhor. Sou mais compassiva e muito mais compreensiva com as pessoas que estão em circunstâncias difíceis.

Eu agora sinto muito claramente que estou vivendo uma vida de serviço. Não é algo deliberado, apenas é assim.

Essas coisas parecem simplesmente acontecer, mas sempre sinto que, por detrás de tudo o que acontece, a minha vida é dirigida. E sinto também uma obrigação de que "assim como você toma da vida, você deve também devolver."

Eu sempre quis trabalhar com psiquiatria porque o meu tio morreu num hospital psiquiátrico. Foi esse sentimento de impotência e de não ser capaz de me comunicar que me atraiu à psiquiatria, o que chocou e horrorizou a minha família. E assim, na época em que tive o acidente de carro, eu já havia feito três semestres de terapia ocupacional, mas aí a EPM me deu uma razão para fazê-lo. Hoje em dia a maioria dos meus interesses gira em torno de auxiliar outras pessoas. Mas às vezes sinto que preciso passar um tempo fora e isto é algo que o meu marido não entende. Adoro ter pessoas à minha volta – não é esse o problema – mas às vezes eu gosto de me retirar, de estar comigo mesma. Muitas pessoas não entendem que privacidade não significa, necessariamente, rejeição.

Meu estilo de vida hoje é bastante agitado (risos) e no entanto eu estou, num certo sentido, mais centrada em meu interior. Acho que voltar a estudar depois de adulta me deu uma oportunidade de reavaliar onde eu estava. Eu voltei a estudar em 1983. Comecei a pensar para onde eu queria ir – suponho que foi uma dessas coisas que ocorrem na meia-idade. Naquele ano decidi fazer um mestrado em administração de empresas, mas também queria fazer aconselhamento e por isso fiz inscrição para ambos, pensando que aquele para o qual eu fosse selecionada seria o certo. Mas fui selecionada para ambos e por isso não conseguia me decidir. Eu iria largar um deles mas não o fiz. Eu certamente não tinha muito tempo livre, mas agora compreendo que foi importante fazer ambos os cursos.

Tenho pontos de vista muito definidos acerca de muitas questões sociais. Sinto que todos têm a obrigação de contribuir com o que puderem para com a vida, para com a humanidade. Mas, obviamente, algumas pessoas são incapazes de contribuir e, portanto, outras têm que compensar isso. Isso também se aplica às nossas vidas. Sei que durante uma parte da minha vida eu tomei e agora eu dou. Sinto que as pessoas têm a responsabilidade de cuidar de si mesmas sempre que possível, mas também sinto que o governo tem o dever de proporcionar bem estar para aqueles que dele necessitam.

Suponho que as mudanças mais significativas que ocorreram desde a minha experiência foram em minha atitude em relação à morte e em me tornar uma pessoa espiritualizada. E é claro que agora eu compreendo o que significa uma vida de serviço.

# 2. SUICIDAS

Suicídio é uma palavra carregada de emoção e, como uma causa da morte, ela inevitavelmente projeta uma imagem de grande dor e desespero. Os primeiros pesquisadores de EPMs pareciam não ter certeza do que iriam descobrir em casos de tentativa de suicídio. Por exemplo, em 1975, Raymond Moody relatou que tinha encontrado "uns poucos casos" e que as "experiências dessas pessoas tinham sido uniformemente caracterizadas como sendo desagradáveis."[1] Entretanto, num trabalho posterior, ele descobriu que o assunto era muito mais complexo do que ele havia originalmente sugerido.[2] E em termos de conteúdo, Kenneth Ring, com base em oito casos, descobriu inicialmente que as experiências próximas à morte relacionadas com o suicídio tendiam a desaparecer antes que os elementos transcendentes da experiência fossem capazes de ocorrer. Mas, depois de um exame mais detalhado, ele sugeriu que – considerando que a maioria desses suicídios foi praticada com o auxílio de drogas ou de drogas com álcool – é bem provável que a sua relação com as drogas tenha interrompido as experiências e prejudicado a sua lembrança.[3] Entretanto, ele finalmente concluiu que não havia relação nenhuma entre a forma como uma pessoa quase morreu e sua EPM. Ou seja, qualquer que seja a causa da crise próxima à morte – suicídio, doença, parto ou acidente de carro – uma vez que a EPM começa a ocorrer, ela segue sempre e essencialmente o mesmo padrão.[4]

Pessoas que passaram por experiências próximas à morte sempre foram muito firmes em seu ponto de vista de que nunca acabariam com suas próprias vidas e, sobretudo os que tentaram o suicídio, freqüentemente expressaram gratidão por não terem tido sucesso em se matar. Descobriu-se que essa atitude não se devia tanto ao alívio de terem escapado de um destino abrasador, mas sim da compreensão de que os problemas dos quais tivessem tentando escapar com a morte prematura não iriam desaparecer. Como Kate[5] disse:

*Não critico as pessoas que cometem o suicídio, mas acho que se você se suicida está deixando para trás algo inacabado e simplesmente terá de voltar e passar por isso novamente.*

Muitas vezes me perguntam se aqueles que tentam o suicídio têm experiências próxima à morte e, em caso afirmativo, se elas se assemelham ao inferno. Parece que em nossa sociedade há uma expectativa de que as pessoas que cometem o suicídio serão severamente punidas após a morte. Apesar das questões muito complicadas relativas ao acabar com a própria vida, essa atitude de estigmatização punitiva parece ser aquela que ocupa o primeiro plano quando ocorre um suicídio. É desnecessário dizer que ele é fonte de muita angústia para a família e os amigos que ficaram para trás.

Recentemente eu participei de um programa de rádio durante o qual se solicitou que pessoas que passaram por experiências próximas à morte telefonassem para contar suas histórias. Uma senhora telefonou e, bastante hesitante, começou se desculpando pelo fato de ela pessoalmente não ter tido uma experiência próxima à morte, mas disse que, ainda assim, gostaria de falar comigo. Contou que seu filho tinha cometido suicídio seis meses antes e ela queria saber se eu já havia conversado com alguém que tivesse passado pela experiência como resultado de uma tentativa de suicídio.

Felizmente eu pude compartilhar com ela as histórias positivas que me foram contadas por três pessoas que tentaram o suicídio, e que eu entrevistei durante o estudo para o livro *Transformed by the Light*. Entretanto, também fui cuidadosa em ressaltar a lição aprendida por essas pessoas que tentaram o suicídio (e também por outras que passaram por EPMs) – a de que o suicídio não era e nunca poderia ser a resposta para os seus problemas. Nenhuma delas acreditava que fosse alguma vez tentar o suicídio novamente, embora expressassem grande compaixão por qualquer um que o tivesse feito, e estavam certas de que outros que tentassem o suicídio seriam, da mesma forma que elas, recebidos com amor.[6] Afinal, como tantas pessoas que passaram por EPMs relataram, não é o julgamento e a punição que vêm ao nosso encontro por ocasião da morte, mas a Luz – a fonte de amor, amor *incondicional*, perdão e sabedoria. Como um dos entrevistados por Raymond Moody disse:

> *Muitas pessoas que conheço vão se surpreender quando descobrirem que o Senhor não está interessado em teologia ... Ele quis saber o que havia em meu coração, não em minha cabeça.*[7]

Este capítulo revelará as histórias de três pessoas que tentaram o suicídio – Bill, Virginia e Robert. Ele descreverá o contexto de suas tentativas de suicídio, os detalhes de suas experiências próximas à morte e seus efeitos posteriores. Poderemos notar que, ao invés de serem punidas por seus atos individuais de tentativa de suicídio, todas essas três pessoas tiveram EPMs particularmente positivas, o que proporcionou a cada uma delas uma oportunidade única de despertar espiritual e conduziu a uma profunda transformação de suas vidas.

# BILL

*A primeira vez que ouvi algo a respeito de Bill foi através de um amigo comum que me contou sobre a sua experiência enquanto conversávamos sobre a minha pesquisa. Na semana seguinte eu o visitei para realizar a entrevista.*

*Hoje Bill é uma pessoa radiante e feliz. Ele tem mais de um metro e oitenta de altura, cabelo claro, crespo e curto. Sua pele é de um bronzeado cor de mel e de aparência suave devido ao brilho quente de uma saúde perfeita. Ele tem bochechas rosadas e olhos azul-claros. Possui um físico bem formado e parece mais jovem do que os seus quarenta e poucos anos. É amável, ri com facilidade e possui um olhar ingênuo e doce que certamente contribui para a sua jovialidade. Ele me recebeu em seu apartamento à beira da praia e nos sentamos em almofadas no chão para conversar – por horas a fio, com um intervalo ocasional para um chá de ervas e um delicioso mamão papaia. Ele estava feliz de falar comigo sobre sua experiência e, em várias ocasiões desde então, se dispôs a compartilhá-la com o público através de entrevistas em jornais e projetos de filmes. Como ele próprio diria: "Se isso pode ajudar a alguém, estou feliz em fazê-lo."*

*Bill tinha trinta e dois anos na época de sua experiência próxima à morte, e eu o encontrei pela primeira vez dez anos depois. Hoje ele reconhece que sua tentativa de suicídio foi o resultado do seu alcoolismo ativo, mas na época ele era incapaz de ver qualquer coisa além da sua depressão.*

Durante um blecaute eu caí num estado de depressão. Naquela época eu não conseguia me relacionar com nada nem com ninguém. Eu me isolei numa pensão em um bairro central da cidade. Acho que fazia uns poucos dias que eu estava lá, simplesmente trancado em minha própria cabeça, sem ir a parte alguma. O relacionamento que eu tinha na época estava se deteriorando rapidamente e eu não sabia que instrumentos utilizar para sair da confusão ocasionada pelo meu alcoolismo. Então me isolei e pensei: "Bem, eu não vou arredar o pé daqui." Era tudo o que eu podia fazer naquele momento.

Nesse dia, as pessoas que viviam no quarto ao lado vieram me procurar e disseram: "Venha, vamos todos descer para o hotel." Eu pensei: "Oh não, eu não quero mais fazer nem mesmo isso." – o que mostra como eu estava "para baixo." Na época eu tomava comprimidos e vários outros medicamentos para o meu sistema nervoso. (Hoje eu percebo que esta "condição nervosa" estava relacionada ao alcoolismo e ao vício em drogas.)

Eu os ouvi batendo em minha porta e não respondi. Eles finalmente conseguiram que o dono da pensão abrisse a porta e eu estava lá, sentado na cama com a cabeça em minhas mãos, em profunda depressão. "Vamos lá, vamos sair, vamos sair." Aquilo era algo que eu realmente não queria fazer. Mas, como eu não tinha nenhum controle da situação, finalmente acompanhei o grupo até um hotel localizado numa rua estreita.

De repente eu senti o ressentimento crescendo dentro de mim. Aquilo simplesmente começou a passar furiosamente pela minha cabeça – ciúme e outras sandices. Acho que naquele dia em questão eu estava tomando uísque e não cerveja ou conhaque com coca-cola como eu normalmente fazia. Não sei quantas doses eu tomei, mas naquele momento de minha vida elas não estavam surtindo o efeito com o qual eu estava acostumado. Eu muito raramente tomava os meus comprimidos fora de casa, mas naquele dia eu os tinha comigo.

Houve uma discussão no bar e eu discuti com Pauline (minha amiga na época) e me retirei. Eu não falei nada no momento. Saí do bar e fui até o banheiro e me lembro de olhar no espelho e ver todo o desespero e a loucura. Eu simplesmente tomei o vidro inteiro de medicamento, direto, um vidro novo com vários comprimidos de 30 mg. Misturado com álcool é bastante letal – eu tinha certeza de que os comprimidos fariam o serviço.

Voltei para o bar e me sentei num banco. E tudo o que lembro depois disso é que num dado momento eu estava lá e aconteceu como que um relâmpago em minha mente. Logo em seguida eu já estava lá fora, deitado na calçada. Depois eu me lembro das sirenes. Não lembro de ter sido posto na ambulância, mas me lembro quando tentaram me fazer caminhar para a ambulância. De repente, eu tinha toda essa inacreditável energia. Suponho que se poderia dizer que era como deixar um balão se esvaziar rapidamente. Tudo o que me lembro era que cinco ou seis pessoas de branco tiveram que me segurar, e precisaram de muita força para isso. Não sei de onde veio toda essa energia. Mas depois, no mesmo momento em que a energia foi liberada ela feneceu, e foi então que me carregaram para dentro e fui acabar em um quarto de hospital.

Eu lembro de num determinado momento flutuar perto do teto, acima do meu próprio corpo, por um bom tempo. Não fiquei perturbado com aquilo. Eu me sentia leve, muito leve. Oh sim, foi excelente (risos). Sentia-me mais leve do que jamais me senti em toda a minha vida.

Eu pensei: "Que impressionante, aquele lá embaixo sou eu." E eles estão com esse aparelho, estão me dando choques elétricos e usando uma bomba para drenar o meu estômago.

Naquele ponto voltei para um local diferente, onde me encontrava deitado no chão. Eu tinha como que vindo do teto, não de volta ao meu corpo, mas de volta a uma outra dimensão onde me encontrava deitado de costas. E, se você puder imaginar, o lugar onde eu me achava deitado era como se fosse um cocho, um pedaço plano de madeira que podia durar por toda a eternidade. Bem, eu estava no meio daquele cocho e podia ver a parte de trás do meu crânio; era como se fosse uma visão. Inacreditável! Quando penso nisso novamente é muito incrível. É como se diferentes prismas estivessem sendo usados para colocar em foco a outra direção. E assim, à medida que eu olhava naquela direção, eu viajava ao longo daquele cocho e não estava assustado. Na verdade, eu sentia muita paz, muito alívio. Eu não pensava em nada. Simplesmente estava nas mãos do que quer que fosse.

Não estando com medo, nem assustado, nem preocupado com a experiência, eu lentamente viajei em direção aquilo que, ainda hoje, descrevo como um grande diamante. E eu me imaginava como uma formiga, pequeno em comparação a ele. A diferença é que eu não estava apenas olhando para ele como um inseto – estava me aproximando cada vez mais dele e simplesmente não conseguia acreditar em como ele era belo e no facho de luz que emanava dele. E pensei: "Puxa vida! Isto é incrível!" Naquele momento senti que aquela era uma paz que eu nunca tinha conhecido antes, uma luz que eu nunca tinha visto antes, de uma magnitude que não consigo explicar e que também exercia um magnetismo próprio sobre a minha alma. Senti muito amor e muita paz. Eu me senti tranqüilo, querido e aceito. Não me senti julgado de forma alguma – acho que seja quem for que estivesse lá compreendeu a situação.

Não sei o que teria acontecido se eu tivesse penetrado naquela luz porque, quando cheguei bem próximo dela, ouvi claramente uma voz bem forte me dizendo em voz alta: "Volte!" (Acho que era a voz de meu irmão mais jovem – nós éramos muito próximos.) E então eu como que parei e depois ouvi novamente: "Volte!", uma voz bem alta, mas não assustada nem raivosa. E pensei: "Bem ... é isto o que eu vou fazer." Acho que eu estava praticamente no limite. Não tinha dúvida de que, se tivesse ido um pouquinho mais além, eu estaria entre muitas pessoas a quem eu não via há muito tempo.

Hoje me dou conta de que eles devem ter pensado: "Ei, companheiro, essa é a saída fácil – você vai é voltar!" Era como se fosse um nivelamento espiritual. Então eu comecei a voltar.

Eu não sabia que nesse meio tempo minha irmã tinha chegado. Ela estava sentada numa pequena cadeira próxima da cama. Um velho sacerdote, de feições belas, também estava lá. Eu não podia acreditar; ele estava me dando a extrema unção. Olhei para ele e não me assustei. Vi minha irmã lá e senti muito por ela. E então acordei. Naquela época eu fumava e acho que minhas primeiras palavras foram: "Alguém aí tem um cigarro?" E o sacerdote disse: "Não acredito nisso." Não consigo lembrar exatamente todas as palavras que ele usou, mas ele disse: "Você é um homem de muita sorte, muita sorte – era para você estar morto."

Depois daquilo me levaram para um outro hospital. Foi uma experiência e tanto. Uma coisa é certa – eu não estava na fila quando tocavam o sino para os comprimidos! Eles tinham o maior cuidado para que eu não tomasse nenhum comprimido. E fiquei lá até ter força suficiente para me recuperar. Naquela época acho que eu pesava 65 kg – é um peso bem leve para uma pessoa de 1,88 m de altura. Fiquei no hospital em observação cerca de seis semanas.

Num certo sentido eu saí do hospital muito bravo e acredito que também bastante paranóico. Eles me injetavam uma droga a cada quinze dias. Não posso agora culpar o médico por aquilo, já que ele era a pessoa que tinha que ouvir a minha loucura naquela época. Tudo o que eu queria era encontrar algo que anulasse os meus medos. Mas me tornei muito dependente daquela droga. Além dela eu usei uma série de outras drogas – qualquer nome que você diga, eu usei. Foi na verdade um surto enorme. E não pararia aí.

Não tentei mais me matar. Mas foi muito difícil deixar tudo aquilo para trás. Eu tinha vivido daquela forma por muito tempo. Descobri que, embora as substâncias químicas tivessem finalmente sido eliminadas do meu corpo, era muito difícil me relacionar com as pessoas. Sinto que o milagre de toda a situação é eu estar sentado aqui agora, com boa saúde, e falando sobre o que aconteceu.

Seis meses se passaram até eu começar um tratamento de desintoxicação, quando então passei por surtos chocantes. Foi muito difícil, sobretudo porque eu já tinha visto dois de meus irmãos morrerem – o mais velho se matou com pílulas, e meu irmão mais jovem, apenas um ano mais jovem do que eu, morreu de três ataques cardíacos fulminantes nos braços de minha irmã. (A mesma irmã que estava ao lado da minha cama.) Eu me encontrava em meio a isso tudo e pensei: "Bem, acho que isso não é justo!" E por isso foi difícil me manter equilibrado até eu poder deixar tudo aquilo para trás e começar de novo. Nunca mais quero passar por aqueles surtos que tive durante o tratamento de desintoxicação – paranóia aguda, medos. E esse é, assim, um pedaço da minha vida, um pequeno pedaço.

Acho difícil colocar em palavras toda a experiência. Acho que jamais tive tanta paz em toda a minha vida. Não era como um sonho, em absoluto. Ou seja, se eu *pudesse* colocá-la em palavras, era como se fosse a realidade, mas numa forma espiritual. Mas é algo que aconteceu apenas uma vez em minha vida. Quer dizer, se alguém na rua me perguntasse algo a respeito acho que eu não diria nada. Simplesmente não me abro sobre isso. Acho que a maioria das pessoas teria uma atitude cínica a respeito da experiência. No entanto, pensando bem, em uma ou duas ocasiões eu *relatei* minha experiência a estranhos. Numa certa época eu costumava trabalhar em atividades ligadas ao bem-estar social e me deparava, às vezes, aqui e ali, com pessoas do tipo diamante bruto, e se achava que havia uma chance de ajudar, eu compartilhava minha experiência com elas.

Enquanto a experiência acontecia eu tinha uma sensação de paz e de calma mas, posteriormente, também tive uma tendência a ficar triste. Compreendi como eu fora egoísta com minha filha e com todas aquelas pessoas a quem eu tinha deixado para trás. Hoje me sinto muito diferente – comecei a pensar nas outras pessoas ao invés de apenas em mim mesmo.

O que aconteceu certamente mudou minhas idéias a respeito da morte. Segundo meu condicionamento religioso, eu achava que se não fosse à igreja ou se cometesse adultério, o que quer que fosse, eu iria arder no inferno. Ou então, seu eu tivesse sorte, iria para o purgatório e lá me cozinhariam por um certo tempo, fariam um churrasco ou, se eu fosse bonzinho, tivesse ido à igreja todos os domingos e usasse uma auréola de santo, eu iria direto para o céu, o qual eu imaginava com anjos e tudo o mais. Eu trabalhava com aquela suposição o tempo todo, eu a ensaiava. É difícil livrar-se de algo que lhe foi incutido. Sabe, minha mãe era muito religiosa – rezava o terço todas as noites, ia à missa das nove horas todas as manhãs. Aquilo era bom para ela. Mas quando olho para o condicionamento que tive de agüentar durante vários anos, posso perceber agora como ele me limitou.

Mas agora eu aguardo a morte com expectativa, num estado bem relaxado. Aguardo com expectativa poder me reunir com os meus amigos. Acho que não haverá nenhum problema uma vez que você tenha acabado a sua existência aqui. Mas, no que diz respeito a detalhes, estou um pouco indeciso. Não sei se voltarei novamente depois de morrer, para realizar um outro curso de desenvolvimento ou algo parecido, ou se irei para uma outra esfera por um tempo indefinido (já que o tempo não existe) e, quando chegar a minha hora, talvez eu acabe em algum lugar de Boston ou na Rússia – eu voltaria como um russo ou algo parecido. Eu tento acreditar mais nisso do que em qualquer outra coisa. Sim, eu não acho que vou receber chibatadas ou algo parecido.

Acho que jamais pensei em reencarnação antes da minha experiência, mas agora, sobretudo recentemente, já que meu garotinho está crescendo, acho que é uma bela idéia. Sinto um toque do meu avô (a quem eu nunca encontrei) nele. Quando ele tinha cinco meses nós o levamos à Casa da Ópera. Eu simplesmente queria ir ouvir um pouco de música clássica, ouvir a orquestra. A mulher que recolhia os ingressos estava preocupada que ele fosse fazer barulho, mas eu lhe disse que tinha certeza de que não haveria problema. E lá estava ele, sentado, observando os violinos e franzindo um pouco as sobrancelhas. Senti que um pouco do meu avô estava se manifestando – ele era um maestro. Senti um toque dele se manifestando; foi notável. Aquilo realmente me tocou.

Não posso dizer que eu tinha medo da morte antes da minha experiência, pois eu não era uma pessoa responsável, eu era um viciado. Só tinha pensado no assunto muito antes, antes de sequer ter tocado em drogas. Mas hoje, quando penso sobre ela, sinto uma aceitação, uma aceitação do fato de que um dia eu partirei daqui, e também penso nas coisas que vou deixar para trás. Penso sempre em minha filha e em meu garotinho.

Suponho que eu tinha um conceito curioso de suicídio porque, quando criança, eu vivia muito tempo com medo da agressão do meu pai. E meu irmão mais velho tinha se suicidado. Ele era uma figura e, aos trinta anos, já havia feito muitas coisas em sua vida. Seja como for, ele tomou uma dose excessiva de pílulas. Ele estava morto há cinco dias quando o encontraram. E, antes de eu decidir acabar com a minha alma, eu costumava pensar constantemente em meus dois irmãos – acho que havia uma certa inclinação de estar com eles. Eu pensei: "Que saída fácil." Mas hoje eu não o faria. Eu me nego a isso, eu o considero como algo muito negativo para se fazer. Mas ainda assim, se ouço outros dizerem que alguém pulou da ponte, eu me relaciono exatamente com aquela área da mente da pessoa onde ela está, e isto é algo assustador. Isto me assusta. Outras pessoas dirão daquele que pulou: "Ele é louco." Mas eu penso comigo mesmo: "Eu sei onde ele está."

Hoje eu não tenho nenhum medo de estar próximo da morte. Depois da minha experiência eu sabia que estava destinado a voltar por várias razões. Uma delas era contribuir com alguma energia para com minha mãe, que mais tarde morreria da doença de Alzheimer. Depois que meu pai morreu, ela ficou sozinha. Seja como for, era para eu estar lá, graças a Deus, e vê-la morrer, ver como ela estava em paz quando morreu. Nos dois últimos dias ela pôde ver algo belo. Eu percebi em suas expressões faciais, e pude ver em seus olhos que ela estava feliz. Eu ia lá à noite e a alimentava. Quando olho para trás, acho que foi adorável ter sido capaz de fazer aquilo. Era algo adorável ser capaz de sentir a emoção que ela estava sentindo, era belo estar lá com ela. A última vez que a vi foi muito bom poder abraçá-la (ela estava com apenas 25 kg) e lhe dizer o quanto eu realmente a amava. Ela estava sentada em silêncio e sorrindo.

Vejo a experiência próxima à morte como algo espiritual e não religioso, e embora eu antes estivesse falido espiritualmente, hoje eu me sinto muito espiritual. Não acho que seja o ego que esteja dizendo isto. Sinto-me espiritual, tenho muito mais paz do que jamais tive antes. Não sinto isso todos os dias, mas agora sei como me adequar e, nesse sentido, também sei o que é bom para mim. Acho que, entre outras coisas, a experiência me ajudou a me centrar numa compreensão do que a vida e a morte realmente são. Creio que, à medida que melhorei, ela me sintonizou com um modo de ser espiritual.

Ela mudou radicalmente a minha visão da religião. Eu não tenho mais os mecanismos de culpa. Eles se foram. Não corro para me confessar a cada semana. Na verdade, eu não vou mais à igreja, mas tenho consciência de que há algo ao meu redor o tempo todo. Sinto-me bastante seguro.

Perdi aquele mecanismo que costumava apertar um botão dizendo: "Agora você deve rezar", mas rezo do meu próprio jeito. Eu falo no chuveiro ou algo assim. Agradeço ao meu Poder Superior por minha mãe estar bem. Sinto muito a sua falta, mas sei que por outro lado ela fica muito feliz quando me vê feliz. Por isso, às vezes, também consigo conversar com ela. É apenas uma percepção – é incrível.

Tenho praticado meditação já faz algum tempo. E às vezes eu me sento na varanda envidraçada, com o sol no meu rosto a tarde toda, e me sinto parte do universo.

Eu mudei muito. Muitas pessoas que conheço estão bastante estressadas, mas tento não deixar que esse tipo de coisa me aconteça. Eu uso o Poder Superior para anular esse tipo de estresse. Estou muito animado com isso – sinto que estou crescendo. Hoje há pessoas conhecidas que passam por mim na rua e nem mesmo me reconhecem, o que para mim é um elogio. Elas simplesmente passam por mim sem me cumprimentar!

Eu agora também sou bastante sensitivo. Antes eu diria que isso era uma besteira, mas agora sou uma pessoa bem aberta para esse tipo de coisas. Às vezes sei quem está no telefone quando ele toca e sei quando minha irmã está vindo me visitar. Ela só vem muito esporadicamente, mas sei quando ela está vindo; posso captá-lo. E há poucas semanas atrás tive uma sensação muito forte de que havia acontecido algo com a minha filha. Senti uma vontade muito forte de perguntar: "Como ela está?" Seja como for, recebi uma carta dizendo que ela sofrera um pequeno acidente com sua bicicleta. Aquilo foi algo muito, muito forte.

Tive outra sensação semelhante quando estava caminhando pela mata em um parque nacional. Eu disse a uma pessoa: "Não me surpreenderia se houvesse uma serpente aqui" e realmente havia uma enorme serpente preta – um metro e oitenta centímetros. Eu fiquei pasmo. Acredito que podemos nos colocar em sintonia com as coisas. Às vezes, em dias ensolarados agradáveis eu vou para os fundos da casa e, enquanto como uma maçã, posso observar os pardais e sintonizar com eles, escutá-los – é algo realmente adorável.

Hoje eu percebo que encaro as coisas de uma forma mais significativa e faço disto uma prioridade. É um trabalho que nunca acaba – eu o faço o tempo todo. O mesmo se aplica à autocompreensão e à auto-estima – trabalho nisso o tempo todo, aceitando várias coisas sobre mim mesmo e procurando fazer algo a respeito delas.

Eu agora sinto que tenho um propósito na vida. Sinto que tenho muito para dar, quer seja um sorriso ou uma conversa, ou um sentimento que tenho de que se alguém precisar de mim, eu posso ajudar. Nunca tive essa atitude antes – sempre me senti inútil. Mas agora eu mc conectei com uma outra fonte e sei que ela está lá e que estará lá enquanto eu quiser.

Gosto de ser gentil com as pessoas. Gosto de ser tão calmo quanto possível com elas, de dar todo o amor que eu possa dar, sobretudo para as pessoas que me irritam! E isto constitui uma grande mudança para mim. Eu costumava ser uma pessoa bastante agressiva; uma agressividade inacreditável estava trancada dentro de mim – ódio de mim mesmo e de outras pessoas.

Hoje em dia eu não quero mais trabalhar em tempo integral. Possuo um número suficiente de coisas materiais – não tenho que viver cercado por elas. Não tenho muito dinheiro, mas tenho o suficiente para as minhas necessidades. Acredito que, no momento, tenho muitas outras coisas em minha vida que preenchem o dia. Gosto de visitar pessoas, de treinar quatro ou cinco vezes por semana para me manter em forma, e isso me dá uma energia inacreditável, muito boa. Gosto de estar cercado pela natureza e tenho meu programa espiritual. Gosto muito também de estar com meu garotinho. É claro que alguns dias são irritantes, mas não há comparação com o passado – é simplesmente preto e branco. Suponho que isso é o resultado de eu conhecer a mim mesmo. Eu renasci. Não há nenhuma dúvida. Sou muito grato por isso ter acontecido. Vejo hoje em dia como uma pessoa de muita, muita sorte!

Eu próprio penso que o fato de me ter sido dada uma outra chance foi um milagre. E por isso agora eu procuro manter isso em mente enquanto tento fazer o meu trabalho.

# VIRGINIA

*Fui apresentada a Virginia por seu marido e algumas semanas depois fui até a sua confortável casa em um bairro central da cidade para fazer a entrevista.*

*A palavra que logo vem à mente quando penso em Virginia é "intensa". Ela possui uma intensidade que revela, creio, um total compromisso com a vida e com o seu trabalho. Há uma intensidade no olhar combinada com um desejo ardente de comunicar suas idéias. Mas ela é também maternal de uma forma completamente independente da maternidade biológica – é amável, acolhedora e, tem-se a impressão, capaz de realizar o que quer que necessite ser feito. Mesmo quando está relaxada e sorrindo, a sua personalidade forte mostra-se evidente por detrás da aparência externa. Ela é uma pessoa vibrante, tem ombros largos, cabelo loiro ondulado, pele clara e estatura baixa. Usa roupas e jóias indianas coloridas – tecidos leves, algodão e seda –, mas não há nada em Virginia que se assemelhe à atitude comum de deslumbramento com a Nova Era.*

*Fizemos a entrevista acomodadas no sofá, com uma xícara de chá de ervas na mão. Virginia tinha vinte e quatro anos na época de sua EPM, e falei com ela vinte anos depois, quando ela era então diretora de uma escola de ciências esotéricas e gerente adjunta de sua livraria especializada.*

Tive o que poderia ser chamado de uma crise nervosa. Houve uma série de eventos que me fizeram sentir que não havia mais sentido em viver. Naquele momento parecia que não havia mais razão para continuar nesta vida. Estive no hospital por cerca de três meses recebendo tratamento de choque. (Eu só compreendi mais tarde como o tratamento de choque é ruim.) Fui totalmente drogada – não sabia o que estava acontecendo. Eu estava em completa confusão. Mas o tempo todo eu tinha, no fundo da minha mente, a idéia de que eu *não* queria viver. Eu era bastante astuta a este respeito – procurei ficar calma e fiz todas as coisas que eles queriam que eu fizesse.

Numa certa tarde me deixaram sair e fui direto ao médico, onde inventei uma história sobre estar para me casar e ter dificuldades para dormir. É claro que ele me deu comprimidos para dormir, não havia nenhum problema em relação àquilo. Logo em seguida obtive a receita. Eu tinha uma intenção determinada e ninguém sabia disso. E então fui para debaixo da Ponte da Baía, pensando que ninguém me encontraria lá. Peguei uma garrafa de coca-cola e, despreocupadamente, comecei a tomar as pílulas pensando: "É isso mesmo, é o fim!"

Mas fui encontrada – acordei no hospital. Fiquei inconsciente um longo tempo, eles drenaram meu estômago e fizeram todos os outros procedimentos. Eu estava deitada lá, em estado de choque, e uma freira enfermeira veio e falou comigo. Ela estava tentando me contar o que havia acontecido, mas eu não queria ouvir aquilo. Eu pensava: "Mais uma vez não aconteceu; ainda estou aqui!" Arranquei então a agulha do soro e os outros equipamentos, me dei alta e exigi uma ambulância para me levar de volta ao hospital onde eu estava antes, próximo dali. Ao redor das dez horas naquela noite as coisas começaram a ficar um pouco nebulosas. Eles não tinham me dado nada depois que voltei para lá, mas pude sentir que algo estranho estava acontecendo – meu coração batia com muita força. Tenho certeza de que tinha sido demais para o corpo, que ele não podia mais agüentar. Então meu coração aparentemente parou, e eles tiveram que me dar adrenalina.

Enquanto faziam isso, é claro, eu estava lá em cima, no teto, assistindo a tudo e pensando: "É isso mesmo, é isso que eu queria. Legal! Aqui vou eu, para onde quer que seja." Eu nunca havia tido uma completa compreensão dos estados pós-morte como tenho agora mas, no fundo da minha mente, sempre soube que havia algo mais e é por isso que eu queria ir, porque sabia que aquilo era melhor do que fora o meu fardo até então. Depois passei pelo túnel que as pessoas costumam ver, em direção a uma luz brilhante. Não há no mundo uma maneira em que eu possa descrever essa luz, pois ela é algo que tem de ser experimentado. E, à medida que eu chegava mais perto da luz, houve uma projeção mental dirigida a mim que dizia: "Não, você tem que voltar, não é a sua hora." Então aconteceu algo – houve uma percepção dentro de mim de que aquilo era realmente a morte e que eu tinha que voltar. Aconteceu algum tipo de mudança dentro daquela situação particular. Da minha atitude mental anterior de não querer viver, alguma coisa agora me *fez* querer viver. De alguma forma, eu *tinha* que viver. Algo aconteceu. Não consigo descrevê-lo em palavras, é muito difícil. Eu simplesmente sabia que era assim. Voltei então ao meu corpo e comecei a respirar novamente.

A coisa mais importante de que me lembro em relação àquele momento foi a de estar mais viva do que jamais estive antes. Sob um certo ponto de vista, eu bem que poderia estar morta, pois antes da experiência eu estivera drogada por três meses. Tantas coisas negativas tinham me acontecido que todas as luzes, por assim dizer, foram desligadas. Mas depois da experiência algo ocorrera – eu estava muito frágil, mas me sentia melhor comigo mesma.

No dia seguinte me dei alta do hospital e nunca mais voltei, nunca mais olhei para trás. Nunca compareci ao programa de aconselhamento nem a qualquer outra atividade. Eu simplesmente "decolei" de lá. É óbvio que eu não havia me curado totalmente – eu tinha que curar a mim mesma. Não queria saber de medicamentos, de médicos. Não queria saber de psiquiatras nem de nada parecido. Eu queria era dar prosseguimento à minha vida. A vida em si às vezes não era muito boa, mas isso era por culpa minha.

Mas agora, é claro, eu sei por que não me foi permitido morrer naquela época – eu ainda tinha mais trabalho a fazer. Agora compreendo que vim a esta encarnação, a esta vida, para servir, para servir à humanidade da minha própria maneira, embora limitada. Não quero, de forma alguma, parecer orgulhosa, mas sei que se tivesse morrido naquela época talvez uma palavra ou um pensamento-semente que eu pudesse agora dar a alguém não teriam sido dados. Eu não teria sido capaz de cumprir o carma específico que agora posso cumprir nesta vida.

Não falei sobre a experiência com ninguém a não ser muitos anos mais tarde. O estilo de vida pessoal que eu tinha até logo após a experiência ainda era muito hedonista. Viajei pelo mundo e experimentei tudo o que você possivelmente poderia experimentar. Não havia nas pessoas (ou não a reconheci) a qualidade necessária para que se pudesse realmente falar sobre coisas como essa. (O verdadeiro motivo pelo qual caí nesse tipo de situação foi sobretudo porque eu nunca falava muito com as pessoas.) Posso tê-la mencionado de tempos em tempos de uma maneira bastante frívola, mas somente há sete ou oito anos atrás que fui capaz de falar sobre ela com pessoas que compreendiam. Mesmo assim só contei a umas poucas pessoas – normalmente àquelas que começaram elas próprias a me contar coisas semelhantes. Ou pessoas que estavam tentando compreender algo e que podiam ser ajudadas se eu lhes contasse a minha experiência dentro daquele contexto.

Eu nem mesmo li qualquer coisa a respeito, a não ser por volta de sete anos atrás. Achei interessante que todos os que tiveram a experiência descrevem mais ou menos a mesma coisa. Todos eles não podem estar inventando!

Antes da experiência, eu como que sabia que havia alguma coisa após a morte, mas não compreendia conscientemente o que era. Havia uma parte de mim – digamos que uma pequena semente – que não podia ver lógica na afirmação de que este mundo é tudo o que existe. Mas não posso dizer que eu tinha, naquela época, uma completa compreensão disso. Mas agora, por conhecimento próprio e por ter estado com pessoas que desde então já morreram, acredito que deixamos o corpo físico, que há um tipo de fio de consciência que é partido, e a pessoa então passa através dos estados de consciência, que agora são chamados de planos de percepção, na falta de uma expressão melhor. Também há auxiliares que vêm ajudar a pessoa falecida.

Acho que eu costumava temer a morte – sempre que eu sofria um acidente, havia aquele choque de medo. Houve uma ocasião, há muitos anos atrás, em que fui a Hobart e fiz parte da tripulação de um iate. Fomos apanhados por uma enorme tempestade no mar e nos desviamos cerca de 160 quilômetros do curso normal. Tivemos que recolher todas as velas e deixar o mar nos levar. Eu estava na parte de baixo do barco, amarrada a um dos beliches e não queria estar lá, queria estar em cima, no convés, mas aparentemente aquele era o melhor lugar para se estar caso o barco virasse. Contudo, no momento em que isto estava acontecendo, havia algo dentro de mim que queria prosseguir. Eu pensei: "Tudo bem, se eu tiver que partir, vamos fazê-lo *agora* ao invés de prolongá-lo indefinidamente."

Mas hoje não acho que eu tenha qualquer medo da morte, sobretudo porque tenho uma maior compreensão de como deixar o corpo físico. Sob um certo ponto de vista, nós às vezes estamos mortos neste corpo físico. Mas quando penso nos outros que me são próximos, às vezes tenho medo da perda. Como a minha mãe, que no momento está muito doente; quando penso em sua partida tenho essa sensação de perda. Não é tanto um medo. Eu seguramente não temo minha própria morte.

No entanto, eu agora sinto que o suicídio é algo sem sentido, absolutamente sem sentido. Acredito que o carma do suicídio é tal que você vai ter que voltar de qualquer maneira, você vai, necessariamente, ter que esgotá-lo. Mas na época eu realmente quis fazê-lo. Não tentei somente com pílulas; também tentei cortar os pulsos e várias outras coisas. Mas agora me parece que aquela era uma pessoa diferente. Aquela pessoa estava tão perdida, com tanta dor e com tanta ansiedade, sentindo-se tão deslocada devido às suas experiências particulares, sem autoconfiança e sem auto-estima. Nada verdadeiramente bom tinha acontecido àquela pessoa – podiam ter havido umas pequenas coisas, mas nada que fosse realmente bom.

Desde a experiência eu me tornei bastante interessada nas questões relativas à morte e ao morrer. Dei aulas sobre "Morte, a Grande Aventura" e estou sempre sintonizada, de modo que, se fico sabendo que alguém está morrendo, faço meditações especiais para aquela pessoa. Recentemente um amigo morreu, e nós todos o sentimos à nossa volta por cerca de uma semana. Ele era muito alegre, e nós todos tivemos impressões dele em nossas meditações. Na mesma semana, a mãe de um outro amigo morreu, e nós então solicitamos que ele a ajudasse. Este é o tipo de interesse que tenho. O interesse consiste em ajudar as pessoas a compreender o que é realmente a morte.

Antes da experiência eu não era religiosa nem tinha inclinações espirituais – não gostava de sequer pensar em dizer as palavras Jesus Cristo ou Deus. Fui batizada como católica romana e com sete anos fui levada para receber instrução preparatória para a minha primeira comunhão. Disseram-me que algo bom iria acontecer, e eu o esperava com muita ansiedade. Eu usava um belo vestidinho branco, com véu e tudo mais. Lembro-me claramente – fui até o altar e inocentemente estendi a minha língua e não aconteceu nada! Eu não conseguia acreditar. Antes disso eu costumava ser levada à igreja por minha avó (que me criou). Sentava lá, olhava em volta, mas não gostava daquele ritual, apesar da minha crença interior em Deus.

O que a experiência fez foi me ajudar a prosseguir com a minha vida ao invés de criar confusões e perder tempo como antes. Ainda não posso dizer que alcancei algo grande depois dela. No começo ela me fez ir e experimentar mais coisas mas, de alguma forma, permitiu que certas portas, que antes pareciam estar fechadas, se abrissem. Foi só alguns anos mais tarde que eu encontrei o caminho em que estou agora, e quando o encontrei houve um súbito reconhecimento do que aquela experiência tinha sido e por que ela tinha ocorrido.

Hoje me considero uma humanitarista, acho que compreendo os ensinamentos de Cristo e Buda e acredito que sou uma irmã mais jovem destes dois seres iluminados. Minha compreensão do Cristo é que todos têm o potencial de se tornar Cristo. Todos podem trilhar o mesmo caminho que o Buda trilhou. Creio na tradição gnóstica que sempre existiu.

Tenho muitas experiências psíquicas – o tempo todo, todo dia (risos). Tive algumas antes, mas não sabia o que era – eu pensava que todo mundo tinha aquele tipo de coisa.

Eu agora vejo algumas coisas. Em minhas meditações, eu vejo muitas coisas relativas aos ensinamentos. Também recebo certas comunicações de ensinamento através da clariaudiência.[8] Meu marido e eu fizemos alguns experimentos com telepatia por um certo tempo, e então descobri que também tenho facilidade para isso. Quando eu estava na França, há alguns anos atrás, tive muitas experiências do tipo *déjà-vu*. Eu estava olhando à minha volta e, de repente, era inundada por uma sensação de reconhecimento, uma torrente de experiências vinha até mim.

Meu sentido intuitivo também aumentou dramaticamente desde a EPM. Com a meditação e uma dieta vegetariana, a minha mente está muito mais clara. Hoje eu posso ver auras, mas às vezes simplesmente percebo a vibração de uma pessoa. Às vezes também tenho impressões acerca das vidas passadas de outras pessoas. Mas não é só para que a personalidade saiba dessas vidas passadas – é puramente com o propósito de serviço. É algo que tem se desenvolvido com o tempo e é cíclico. Às vezes surge em minha consciência um pensamento sobre uma determinada pessoa. Às vezes isso é transmitido à pessoa em questão, às vezes não. Acho importante ser muito cuidadosa com coisas desse tipo.

Todas essas facilidades especiais são desenvolvidas no caminho, elas podem ser usadas, mas tenho o cuidado de não me deixar aprisionar por elas. Eu agora sinto que há um plano global e estou me abrindo para esse plano. Eu sei que recebo impressões de minha alma e tento estar tão aberta quanto possível para que a alma imprima em mim as decisões corretas.

No passado, a vida consistia numa contínua sucessão de festas, teatro, muita droga, uma completa busca de divertimento. Agora, a melhor maneira de descrever o meu estilo de vida seria me acompanhar através da semana e observar o que de fato acontece. Três dias por semana estou permanentemente na livraria, nas noites de terça-feira e quarta-feira eu geralmente estou na escola – numa noite posso estar dando uma palestra, na outra posso estar ajudando. Durante todo esse tempo estou aberta para as pessoas que chegam com o propósito de aconselhamento. Na quinta-feira, eu geralmente estou fazendo tarefas domésticas ou correndo para lá e para cá, fazendo diferentes coisas. Na quinta-feira à noite, fico de babá, pois temos uma criança em casa, e ela é adorável. Na noite de sexta-feira há mais uma aula. Passo os fins de semana com meu marido e domingo à noite é para a meditação. Minha vida é bem cheia. Além disso tudo, tenho os meus próprios estudos e a preparação das minhas aulas. Também gosto de pintar, gosto de fazer algo que seja criativo, como jóias e coisas do tipo. Gostamos de passar bastante tempo em casa. Somos todos vegetarianos e temos um estilo de vida meditativo. Consideramo-nos uma família, juntamos todos os nossos recursos e somos, portanto, uma pequena comunidade na cidade.

Isto é muito diferente de como costumava ser. No passado, eu tinha apenas relacionamentos de curta duração; tive vários deles. Quando digo que era hedonista, é que eu fazia parte daquela geração em particular. O velho pêndulo tinha oscilado na outra direção. Nós simplesmente fazíamos o que queríamos. Eu fazia o que eu queria, eu não tinha moral. Se eu queria sexo, eu tinha sexo, eu o fazia. Mais uma vez vejo isso como um tipo de equilíbrio cármico e agora entendo o porquê. Meu instrutor uma vez me disse: "A razão pela qual estamos nesses corpos é para termos experiência." Eu certamente fiz isso! (risos).

Acho que agora tenho uma melhor compreensão de mim mesma e consigo aceitar o meu fardo. A razão pela qual eu tinha uma auto-estima tão baixa devia-se ao fato de eu não conseguir aceitar a minha criação. Não conseguia aceitar a família na qual nasci. Não conseguia aceitá-la, não a aceitei e a rejeitei completamente. Agora posso aceitá-la, agora aceito minha mãe e tenho um genuíno amor por ela, o que naturalmente se reflete sobre mim. Sinto que tenho uma auto-estima melhor do que costumava ter. Acho que sou mais gentil comigo mesma do que costumava ser, embora às vezes ainda seja um pouco dura comigo mesma, às vezes mais do que deveria ser, mas ainda estou trabalhando nisso.

Nos últimos oito anos houve muitas mudanças. Nada de álcool, nada de cigarros – eu fumei por vinte e três anos!

Nada de sexo ou *rock and roll!* (risos) Talvez um pouquinho de *rock and roll*.

Hoje eu tento estar o mais aberta possível para as pessoas. Percebo que sou muito mais direta quando vou dizer algo, enquanto que no passado eu provavelmente nem falaria. Ao mesmo tempo sou mais compassiva – também compreendo quando não devo dizer nada. Acho que sou mais sensível.

Minha prioridade agora é ser tão útil quanto possível àqueles que estão à minha volta e ficar tão contente quanto possa dentro da situação na qual me encontro. Gosto de arte, gosto de caminhar no Jardim Botânico, aprecio boa música e, é claro, livros. É óbvio que trabalhando numa livraria não disponho de muito tempo para ler, mas tenho a oportunidade de ver muitos livros.

Há muitas questões sociais que me preocupam. Eu costumava marchar pela paz, mas agora eu não sinto que possamos ter paz com o clima que existe hoje no mundo. Não desejo parecer negativa para aqueles que genuinamente acreditam que podemos trabalhar para a paz, mas acredito que não podemos possivelmente esperar ter paz enquanto ainda existirem visões materialistas no mundo. Precisamos ter uma mudança genuína antes que a paz possa acontecer. Como podemos pensar na paz quando ao nosso redor, em nossa própria cidade, há problemas como o das crianças abandonadas? Acredito que podemos trabalhar melhor para paz de dentro para fora. A educação é o meu trabalho para a paz – tentar mudar os valores das pessoas. Ensiná-las a apreciar o fato de que há algo mais na vida do que uma visão tridimensional das coisas, de que há algo mais na vida do que futebol, de que há algo mais na vida do que esse estreito quadro de referência – a fim de ampliar os seus horizontes. Não quero parecer fantasiosa a esse respeito porque acredito, genuinamente, que essa mudança acontecerá.

Mas sei que tenho que tomar decisões. Como *eu* posso ajudar dentro desses parâmetros? Há um mantra que dizemos todos os dias chamado "A Grande Invocação", e nós invocamos luz, amor e poder, para que desçam sobre o planeta a fim de curá-lo totalmente. Isto pode parecer algo pequeno, mas é algo que posso fazer para que as coisas sejam diferentes, isto juntamente com a questão da educação. É assim que faço a minha parte. Não posso fazer tudo – como um indivíduo eu sou limitada. Mas tenho sentimentos muito fortes em relação a muitas coisas. Esta é uma das lições que estou aprendendo dentro de mim mesma – não sentir de maneira tão forte, não me sentir tão passional em relação às coisas, não ter um acesso de raiva, mas tentar ser desapegada em relação a elas, e então agir.

Mas, acima de tudo, eu agora reconheço que tenho uma genuína necessidade de contribuir. Eu agora sei que tenho um lugar neste mundo e que posso servir. Nunca tive isto antes.

# ROBERT

*Enquanto viajávamos por Queensland, realizando entrevistas com pessoas que haviam passado pela experiência próxima à morte, meu marido e eu paramos em uma tranqüila cidade costeira. Nós ficaríamos lá uns poucos dias a fim de que eu pudesse entrevistar duas pessoas, para então termos um breve descanso antes de retornar novamente para o sul. Um dia, na cidade, perguntaram casualmente ao meu marido se ele estava de férias, e ele respondeu: "Não exatamente. Estou acompanhando a minha esposa enquanto ela faz sua pesquisa."*

*"Sobre o quê é a pesquisa?"*

*"Experiências próximas à morte. Você sabe o que elas são?" Um silêncio aterrador.*

*"Eu tive uma dessas experiências!"*

*E assim uma conversa animada prosseguiu por alguns minutos.*

*No dia seguinte, meu marido e eu visitamos Robert em seu* trailer, *num parque de* trailers *local. Robert é aposentado por invalidez, um homem grande, com cabelos grisalhos, levemente curvado, e caminhando com alguma dificuldade devido a problemas com os seus quadris. Ele é gentil e tem um olhar alegre. Enquanto tomávamos chá sentados no anexo do seu* trailer, *dois de seus amigos chegaram e nos foram apresentados. A conversa revelou que um deles também tivera uma experiência próxima à morte! Depois de um certo tempo eu comecei a entrevista na presença desta audiência bastante atenta.*

*Robert tinha quarenta e quatro anos na época da sua experiência, e nosso encontro ocorreu nove anos depois. Na época de sua tentativa de suicídio ele bebia muito e encontrava-se num estado de forte depressão.*

Eu vivi na Inglaterra por muitos anos, onde trabalhei como funcionário residente numa instituição de amparo à criança. Eu não bebia há vinte e cinco anos, mas depois que voltei para a Austrália comecei a beber novamente – eu estava muito, muito deprimido naquela época. Nesse dia eu dei um tiro na minha cabeça com uma arma de fogo. Eu estava em casa, na cama, quando fiz isso – quando minha mãe apareceu naquela manhã para me acordar, eu puxei o gatilho.

A próxima coisa de que me lembro é de estar olhando para baixo na sala de operações, vendo o meu corpo lá em baixo, com os cirurgiões em volta, e eu sabia claramente que aquele era eu. Eu pensei: "Aquele sou eu. Eles estão perdendo tempo, eu não vou voltar." E me lembro de estar como que me afastando do corpo. Ao mesmo tempo eu podia ouvir os médicos dizendo: "Acho que ele está indo, ele se foi!" Pensei então: "Bem, eles estão certos, eu me fui, acabei, tenho que ir", e foi aí que tive essa sensação de vaguear; me sentia bem de estar indo para cima.

Eu estava tentando alcançar uma luz distante que eu conseguia ver. Era uma luz brilhante, e eu queria alcançá-la, mas senti um puxão; algo estava me puxando de volta. E então, lembro claramente de uma voz dizendo: "Bem, Robert, você ainda não terminou – você tem que voltar. Você não está pronto, você ainda não terminou o que tem para fazer." Foi essa a impressão que tive, essas palavras. Tentei com todas as minhas forças ir em direção à luz brilhante. Eu podia vê-la na minha frente. Era um brilho intenso, uma esfera brilhante, e eu sentia que era para lá que eu queria ir. Mas depois de ouvir a voz eu me lembro de voltar, e enquanto voltava eu como que sentia estar voltando para o meu corpo. E lembro então de acordar, algum tempo depois, na unidade de tratamento intensivo.

Tenho de admitir que, depois que isso aconteceu, pensei que talvez a depressão tivesse causado a visão, mas depois senti que não poderia ter sido isso, pois ela era tão vívida e tão boa.

Eu até falei com o médico sobre isso e foi quando ele me disse que tinham me declarado morto na mesa de cirurgia. Fui submetido a duas operações naquela época, e ele tinha supervisionado a ambas. Ele disse: "Deve haver algum propósito. Ficamos assombrados que você tenha vivido pois, tecnicamente, você deveria ter morrido em virtude dos ferimentos que tinha. Você deve ter recebido uma outra chance. Você deve ter recebido uma outra chance para fazer algo."

Eu então lhe falei: "Mas eu não quero!" Porque eu não queria viver, eu ainda estava em depressão. Mas aquele incidente, o que quer que tenha sido, ainda estava vívido, e foi para mim uma experiência feliz. Não foi, de forma alguma, uma experiência ruim. Fiquei um pouco decepcionado por não ter podido morrer; de um lado, eu estava feliz por ter voltado e, por outro lado, infeliz.

Enquanto eu ainda estava no hospital, falei com dois médicos sobre a experiência. Mas depois tive que ir para a seção psiquiátrica porque ainda estava muito deprimido. Lá falei sobre ela com dois psiquiatras. Um deles fez pouco caso da idéia, mas o outro psiquiatra disse que tinha ouvido falar de experiências similares e mostrou-se muito interessado em conversar comigo a respeito. Nós então falamos sobre o assunto, e ele perguntou o que eu sentia em relação à experiência: "Ela não faz você se sentir melhor em relação à sua depressão, não ajuda você a sair dela?" Na época eu tive que dizer não, pois as coisas não estavam muito claras. Mas, perto do fim do tratamento, quando deixei de ficar tão deprimido, eu respondia melhor a ele. Então me dei conta de que ele estava certo, que o sentimento que tive deve ter sido um sentimento verdadeiro. Porque até aquele momento eu não estava seguro se aquilo tinha sido uma experiência real na sala de cirurgia ou se era apenas algo da minha imaginação, devido a vários outros fatores. Mas ele ressaltou como ela se ligava ao que tinha acontecido na sala de cirurgia, e com o que o cirurgião disse sobre eu estar clinicamente morto e depois, subitamente, me recuperar. E ele disse: "Isto nos aconteceu antes. Aconteceu umas poucas vezes – pensávamos que o paciente tinha se ido e então, subitamente, ele se recuperava."

Desde então me deparei com algumas poucas coisas sobre o assunto. Não procurei nada em específico para ler, mas recolhi algumas coisas, um ou outro artigo em revistas.

Antes da experiência eu tinha medo de morrer, mas não pensava muito no que acontecia no momento da morte. Agora penso que ela é apenas um outro passo para alguma coisa. Hoje eu não tenho medo de morrer, não tenho medo da morte. A morte não me causa a mínima preocupação porque agora sinto que ela é como o nascimento. O nascimento é uma experiência pela qual passamos, e a morte é uma outra experiência pela qual temos que passar. Mas devo admitir que há alguns anos atrás, antes dessa experiência, me preocupava o modo em que eu fosse morrer. Quando a minha esposa morreu (de câncer), eu fiquei muito preocupado. A morte parecia então ser algo final e definitivo. Mas agora ela não me parece mais assim. É apenas uma outra porta a ser aberta e atravessada.

Hoje estou feliz por não ter cometido o suicídio, por não ter morrido, mas se você me perguntasse algo um mês após o incidente, eu ainda estava cheio de raiva e não queria viver. Sinto que alguém que quer cometer o suicídio deve estar profundamente deprimido para acreditar que tem que fazer tal ato – sei que eu estava nessa condição. Sinto muito pelas pessoas que cometem o suicídio, mas suponho que se alguém o faz é porque deve ter alguma razão profunda e uma necessidade desesperada de fazê-lo. Nós ainda não encontramos a maneira correta de auxiliar essas pessoas.

Mas agora, quando olho para trás, aquela visão que tive de cima da sala de cirurgia me auxiliou a voltar a mim mesmo posteriormente. Foi uma experiência boa, não foi uma experiência horrível; foi um sentimento bonito. Não havia medo, nem má vontade. Foi algo fantástico.

Eu a encaro como uma experiência espiritual e não religiosa. Nunca fui muito religioso, mas ao redor dos vinte e um anos me envolvi muito com a minha igreja, a Igreja Presbiteriana, e com a fé cristã, mas agora tenho uma mente aberta. Não sou um crente ardoroso de nenhuma religião em particular. Não acho que o Cristianismo seja a resposta completa. Acho que cada fé nesta terra surge de uma única coisa, de algo universal. Meu pensamento sobre isso é bem aberto. Hoje em dia eu não vou mais à igreja, mas medito quase todas as manhãs – faço as minhas leituras e então medito sobre um pensamento específico a cada dia. Acho que, subconscientemente, eu rezo – dou graças pelo modo como tudo transcorreu durante o dia, algo como uma oração silenciosa dentro de mim mesmo.

Creio que estou lentamente me tornando mais espiritual. Eu agora tenho, se é que posso dizer assim, uma consciência maior de mim mesmo e de minha própria espiritualidade do que tinha antes. Nos últimos doze meses me tornei mais consciente, e a experiência tem ocupado muito a minha mente. Sinto-me mais espiritual, sinto uma mudança dentro de mim, mas não é uma mudança religiosa. Não sou um fanático religioso, não saio por aí pregando isso ou aquilo. O que quer seja que uma pessoa acredite, eu aceito que aquele é o seu caminho.

Eu agora acredito na reencarnação. Quando eu era mais jovem, acreditava apenas um pouco – costumava ler livros sobre reencarnação, mas não tinha um forte sentimento em relação ao assunto. Agora isso se harmoniza com o meu sentimento de que a morte é apenas uma outra experiência pela qual passamos. Sinto que a morte não é a experiência final e última, quer ela conduza à reencarnação ou a alguma outra condição. Sinto que temos que passar por mais experiências.

Atualmente eu tenho várias experiências psíquicas. Às vezes tenho a sensação de que algo vai acontecer, e quando acontece, não é nenhuma surpresa. Tive uma dessas experiências com um amigo na semana passada. Dentro de mim eu tinha plena certeza de que Frank estava indo para casa para morrer. Eu lhe falei: "Acho que não vou te ver mais." E ele disse: "Eu também acho." Não foi nenhuma surpresa para mim quando soube na quarta-feira que ele tinha morrido.

Anos antes tive uma experiência semelhante quando minha esposa morreu. Eu sabia que ela estava partindo e fui até ela e falei: "Bette, acho que você está partindo agora." E ela respondeu: "Sim." Eu disse então: "Estou muito contente que tenha sido tudo tão rápido para você", pois ela sofria de câncer. Mas foi muito difícil.

Quando criança eu tive um tipo de experiência ligeiramente diferente. Lembro claramente que quando eu tinha cerca de quinze anos minha avó morreu, e lembro dela vindo a mim para dizer adeus. E logo em seguida o telefone tocou em nossa casa e eu disse à mamãe: "É o tio que está ligando; a vovó acabou de morrer," e realmente a vovó tinha acabado de morrer, cerca de três ou quatro minutos antes. Sabe, eu não pensei muito naquilo, tive apenas aquela sensação de que ela tinha partido – nós éramos muito próximos.

Sou muito consciente dos meus sonhos e às vezes tenho a sensação de que estive em algum lugar, visitei alguns amigos – algo como uma experiência astral. Algumas vezes eu acordava e pensava comigo mesmo: "Ah sim, eu estava falando com tais e tais pessoas, vou receber notícias delas em breve." E recebia. Em outros sonhos, eu sonho que estou em algum lugar e então, mais tarde, de repente me encontro lá. Posso ter tido o sonho há muito tempo atrás e, de repente, vejo a coisa com que sonhei e penso: "Bem, isto é engraçado." É como um sonho que se torna realidade. Sinto como se estivesse estado lá e experimentado aquilo antes. Às vezes tenho o mesmo tipo de sensação em relação a pessoas. Sinto que já encontrei essa pessoa antes em algum lugar mas, na verdade, tanto quanto sei, eu nunca a encontrei antes. Sinto que a conheço bem, mas na verdade não a conheço, se é que você entende o que quero dizer.

Atualmente eu pareço estar mais consciente, mais pronto a aceitar as coisas e as pessoas como elas são. Costumava ser muito difícil para mim conviver com muitas pessoas. Eu discutia muito, apontava as faltas dos outros e saía deliberadamente do meu caminho para evocar raiva nas pessoas. Mas agora eu tento procurar o bem nas pessoas e, quando o encontro, tento fazer com que ele se expresse. Se puder ajudá-las eu as ajudarei. Se elas quiserem ajuda eu estarei lá. Eu agora gosto de trabalhar com os idosos – é por isso que eu vou ao centro assistencial – é para pessoas idosas que estão trancadas em casa e que, se não fosse isso, não sairiam. Mesmo que ultimamente eu também vá lá para receber massagem, vou também porque gosto de trabalhar com pessoas idosas.

Também acredito firmemente no sistema de asilos, no direito dos idosos de morrer da maneira que desejam, com dignidade. Isto é algo sobre o qual penso muito – especialmente quando recordo da morte de minha esposa e do modo como o meu padrasto partiu. As pessoas deveriam ter o direito de morrer da maneira que desejam, isto é, com dignidade. Acredito firmemente que se alguém está morrendo de uma doença terminal, não se deveria permitir que essa pessoa sofresse. Acho que já há sofrimento suficiente para ainda mais sofrer uma morte dolorosa. Acho que se as pessoas assim quisessem, deveria ser dado a elas o direito de praticarem a eutanásia, e isso é diferente do suicídio. Mas eu não gostaria de ser a pessoa que tivesse que tomar essa decisão.

Para mim, a mudança mais significativa foi obter maior compreensão – autocompreensão e uma percepção de que ainda há algo que eu tenho que fazer. Ainda não sei o que é – talvez salvar vidas, tentar auxiliar a outros alcoólatras; pode ser isso. Eu ainda não sei o que será, mas não estou preocupado com isso. Seja o que for acabará vindo a mim. Tenho a sensação de que a minha vida ainda não acabou – ainda há um propósito a ser realizado.

Estive no hospital na época do Natal para tratar de uma fratura na bacia. Surgiu um coágulo sério no pulmão e me colocaram na unidade de tratamento intensivo. Momentos antes de eu entrar em coma lembro do médico dizendo: "Bem Robert, nós temos apenas uns poucos minutos para tentar fazer algo com você, pois a situação dos coágulos em seus pulmões é muito grave e você pode morrer." Então eu disse: "Bem, eu acho que não, acho que eles ainda não me querem. Eu ainda não fiz o que tenho que fazer." Eu rezei a oração da serenidade e em seguida entrei em coma. Acordei no dia seguinte.

Acho que levou algum tempo para que eu compreendesse e para que a experiência fosse absorvida, mas acho que as mudanças ocorridas em minha vida após a experiência foram decididamente para melhor. Houve uma verdadeira mudança na personalidade. Hoje eu compreendo melhor a mim mesmo. Eu agora tenho uma percepção espiritual de mim mesmo, e ela parece ficar mais forte a cada dia. É curioso, é difícil de descrever, mas sinto que estou ficando mais forte a cada dia. É como se eu estivesse crescendo novamente. Sinto como se agora eu estivesse crescendo, enquanto que antes eu estava parado. Não sei se isso parece bobagem, mas é assim que o vejo.

# 3. *EXPERIÊNCIAS ASSUSTADORAS*

Durante todo o período em que a pesquisa moderna sobre a proximidade da morte tem sido realizada, curiosamente há uma clara ausência das chamadas histórias negativas entre os relatos contemporâneos. No passado, na Idade Média, por exemplo, relatos de visões do outro mundo – "passeios educacionais" pelo mundo pós-morte, incluindo viagens pelos terrores do inferno – eram bem-conhecidos, já que eram explorados de forma muito eficaz pela igreja para seus próprios fins. O relato de uma visão se tornava, freqüentemente, um esforço de colaboração na medida em que a reticência do visionário era atropelada a fim de transformar a história numa convincente narrativa de conversão.[1] Tais histórias eram lucrativas para a igreja, pois serviam para confirmar a necessidade de caros ritos funerais e missas intercessórias em nome dos mortos. Muito antes disso, Platão narrou a história de Er, um soldado que ressuscitou na pira funerária doze dias após ter sido morto em uma batalha.[2] Durante a sua permanência no outro mundo foi dito a Er que ele seria um mensageiro para os homens, e por isso lhe foi ordenado "escutar e observar tudo o que acontecia naquele lugar." Ao retornar à vida, ele contou tudo o que havia testemunhado – as punições e penalidades bem como as recompensas.

Em épocas mais recentes, este tipo de história tem sido raro. Raymond Moody contou, na década de 1970, que ninguém jamais tinha lhe descrito um estado que se assemelhasse ao "inferno arquetípico",[3] e Kenneth Ring[4] observou que há uma total ausência de experiências infernais entre os seus vários casos de EPMs. O trabalho de outros pesquisadores revelou, de forma similar, que tais casos são de fato extremamente incomuns.

Dos relatos negativos que surgiram no mundo contemporâneo o trabalho de Maurice Rawlings é talvez o mais conhecido, o qual se caracteriza por um ponto de vista extremado. Em 1978, Rawlings apresentou a tese de que as EPMs infernais são simplesmente reprimidas. Entretanto, como ele argumenta desde a perspectiva de um cristão convertido, com a clara intenção de provar para os leitores a existência do inferno e, portanto, a necessidade de ser "salvo", a sua apresentação é questionável. Um pouco mais convincente foram as seis EPMs registradas por Margot Grey, cinco das quais incluíam elementos de pânico, medo, isolamento ou desespero, e uma que apresentava imagens semelhantes ao inferno.

Mais recentemente, P.M.H. Atwater comentou EPMs "desagradáveis" num editorial para o

*Journal of Near-Death Studies* (*Revista de Estudos de Proximidade à Morte*), e um artigo de Bruce Greyson e Nancy Evans-Bush, que examinou cinqüenta relatos de EPMs angustiantes coletados durante um período de nove anos, foi publicado em *Psychiatry* (*Psiquiatria*). Greyson e Evans-Bush identificaram três tipos de experiência angustiante: o primeiro (e de longe o maior grupo) incluía experiências similares à EPM comum mas que, por alguma razão, foram interpretadas como assustadoras; o segundo (um grupo menor) revelou a experiência de um vazio; e o terceiro (o menor dos três grupos) incluía imagens tipicamente infernais.

Quando dou palestras públicas, freqüentemente me perguntam se alguma vez encontrei alguém que tenha relatado uma experiência negativa. Minha resposta de sempre é que, dentre as centenas de pessoas que passaram pela experiência próxima à morte com quem falei pessoalmente, somente encontrei duas que descreveram algo que poderia ser vagamente considerado como possuindo um elemento assustador, e em nenhum dos casos as pessoas em questão consideraram sua experiência como sendo "negativa". Este capítulo apresentará as histórias dessas duas pessoas que passaram por EPMs – Alexandra, cuja experiência incluiu imagens semelhantes ao inferno antes de evoluir para uma forma costumeiramente positiva; e

Cass, cuja experiência parecia ter, externamente, muitas das características positivas comuns da EPM e, contudo, foi experimentada por ela como sendo assustadora.

# CASS

*Encontrei Cass pela primeira vez quando ela veio até minha casa junto com outro produtor para falar sobre um possível programa de televisão. Ela era bem extrovertida, tinha um largo sorriso e olhos brilhantes, mas o que mais me chamou atenção na época foi a sua extrema vitalidade. Mais tarde, nos sentamos de frente para o mar, e a conversa girou em torno de fenômenos psíquicos e interesses espirituais. Falei sobre a minha EPM, e ela revelou que também tivera uma experiência semelhante durante uma operação, após ter quebrado o pescoço fazendo aeróbica. Quando comecei a minha pesquisa de doutorado no ano seguinte, pensei nela imediatamente e fiz novamente contato.*

*Cass tinha quarenta e sete anos na época de sua EPM, e eu falei com ela dois anos depois, em seu apartamento no andar superior, situado em uma encosta com uma vista distante para o mar.*

Tive a experiência quando estava saindo da minha segunda operação. Eu havia quebrado o pescoço, e na minha primeira operação, no ano anterior, fui submetida a uma ligadura da espinha. Infelizmente o ligamento quebrou e, num espaço de dez meses, tive que fazê-lo pela segunda vez. Eu certamente teria morrido.

A experiência que tive foi de viajar muito rapidamente através da escuridão, e *era* escuro. Não consigo explicar a escuridão – era brilhante, uma escuridão brilhante. No começo era simplesmente incrível. Havia uma luz enorme, muito grande, e então aquilo se abriu e, num piscar de olhos, passei por milhões e bilhões de pequeninas luzes. Não eram estrelas, eram como se fossem luzes, pequenas luzes brancas. E eu continuava a viajar rapidamente quando ouvi alguém me dizendo: "Vamos, levanta. Você está indo para casa, não há nada de errado com você. Vamos, levanta – não há nada de errado com você, você está indo para casa." E então eu ouvi um som parecido com o de pequenos pratos de bateria se batendo, senti que havia algo semelhante a um prato de bateria em minha frente, e ouvi alguém dizer: "Ela está morrendo, ela está morta." E foi isso que aconteceu.

Eu tentava dizer: "eu estou bem, não há nada de errado comigo." Enquanto isso, aquela voz continuava a ressoar: "Levanta, você está bem, você está indo para casa."

Foi esta a minha experiência; foi incrível. Achei que aquela fosse a voz do meu médico, pois parecia ser exatamente a mesma voz. Quando lhe perguntei sobre isso mais tarde, ele disse que não era a sua voz, pois ele não havia falado comigo. Mas, aparentemente, o meu coração tinha parado.

Eu nunca esquecerei daquela experiência. Ela mudou toda a minha vida. Eu não poderia dizer que foi magnífica, mas diria que foi espantosa, foi assustadora. Foi assustadora porque eu não sabia para onde eu estava indo. Certamente não foi algo esplêndido para mim. O barulho dos pratos era incrível – era como se estivessem bem na frente do meu rosto, mas tudo o que eu podia ver era a escuridão e essas luzes. Eu me sentia assustada – havia somente a velocidade e a escuridão. E eu não podia ver a mim mesma mas podia *sentir* que eu estava lá, passando por aquilo, e era tão rápido. Mas, como eu disse, era uma escuridão brilhante, e as luzes estavam estáticas, mas havia milhares e milhões delas. E eu viajava rapidamente através disso tudo. Foi assustador.

Sentia que eu estava lutando para que as pessoas soubessem que eu estava bem. Eu tinha a sensação de que estava tentando lhes dizer que eu não tinha morrido, que eu estava bem, mas a minha boca não se abria. Era estranho porque eu achava que iria morrer na primeira operação. Eles viviam me dizendo que eu estava, o tempo todo, correndo o risco de morte instantânea. E lá estava eu, pela segunda vez, pensando: "Bem, é isso mesmo. Estou morta. Eu sabia que iria morrer; agora estou morta." Eu estava como que aceitando o fato, mas uma parte de mim lutava contra isso. Eu na verdade estava muito assustada porque não sabia o que estava me acontecendo. Era algo desconhecido. Eu continuei pensando: "Como é que vai ser? Para onde estou indo?" Era apenas eu e esses pensamentos. Isto é tudo o que consigo dizer – foi mesmo horrível. Para mim foi horrível, nunca mais vou esquecer. Nunca mais.

Eu queria voltar para o meu corpo, eu estava lutando para isso. E quando finalmente voltei foi incrível. Lembro que havia alguém perto de mim, uma enfermeira ou um médico. Foi um tremendo alívio. Foi como estar de volta em um outro mundo. Eu então ouvi alguém falando comigo e percebi que era um amigo muito querido.

Lembro de depois perguntar ao meu médico o que ele estava fazendo, se ele estava batendo com alguma coisa, se ele tinha nas mãos pratos de bateria ou algo parecido. E ele disse: "Ah, não seja boba. O que eu estaria fazendo com pratos de bateria?"

Acho que tive aquela experiência para me conscientizar de que eu era uma pessoa muito, muito egoísta. Eu nunca antes tinha me considerado uma pessoa egoísta. Não havia nada que me faltasse – eu tinha uma grande carreira, minha vida tinha sido boa. Mas, no ano anterior, haviam ocorrido grandes problemas em meu casamento. Meu marido e eu estávamos juntos há quase vinte e cinco anos, e eu coloquei tudo aquilo em risco! Hoje, quando olho para o que aconteceu, eu penso: "Por que fiz aquilo?" Nunca pude responder a esta pergunta. Agora está tudo bem – eu tenho um relacionamento muito feliz. Minha vida doméstica também é ótima. Hoje eu faço mais pelo meu marido do que jamais fiz antes.

Acho que tive a experiência para que eu pudesse olhar para a minha vida de forma equilibrada. E é exatamente isto o que aconteceu –tornei-me uma pessoa melhor, mais agradável. A experiência realmente me modificou. Hoje eu não sou mais egoísta. Eu lamento muito, muito por aquelas pessoas que não estão conscientes das necessidades dos outros. Eu agora me dôo muito mais para as pessoas, para as coisas que são importantes. Não suporto conversas fúteis, não suporto nada que não seja positivo – eu tolero mas não gosto.

Desde então muitas portas se abriram para mim, coisas boas têm me acontecido. Mudei de emprego – estou administrando dois negócios. Trabalho na área de saúde e nutrição, e no dar atenção e carinho a outras pessoas. E sou tão feliz, cada dia é uma alegria para mim, *cada* dia! Se alguém reclama da chuva eu digo: "Bem, por que você se preocupa com isso? Você está vivo e este é um mundo maravilhoso!" E aqui estou eu, caminhando por aí com um monte de fios em minha cabeça – era para eu nunca ter sobrevivido. E acho que sobrevivi para ajudar as pessoas; é o que eu sinto.

Na época em que ocorreu a experiência eu estava quase acabando de escrever uma novela. Fiz daquela experiência o último capítulo – seja como for, era basicamente sobre a minha vida. Mas não tenho mais nenhum desejo de escrever, nem mesmo de acabá-la. Todo o ego desapareceu, desapareceu no sentido de querer sobrepujar uma outra pessoa. Toda a ambição da carreira desapareceu, e porque ela desapareceu, todas as coisas acontecem para mim.

Tentei falar sobre a experiência somente com uns poucos amigos íntimos, pois acho que é algo muito particular. É algo do qual as pessoas tendem a caçoar. Não que eu dê a mínima importância para isso, mas é que acho que é algo muito íntimo entre eu e Deus. Acredito firmemente nisso. Senti que aquela experiência foi totalmente espiritual. Totalmente. Ela foi assustadora mas, quando penso nela hoje, eu gostaria de poder voltar para investigar um pouquinho mais sobre ela.

Antes da minha EPM eu não tinha nenhum interesse na morte ou no morrer. Mas, sendo católica romana, mesmo antes da experiência, eu já acreditava na vida após a morte. Eu ainda acredito que as nossas almas vão para algum lugar e que nos reunimos com todos aqueles que partiram antes de nós, e também que vivemos para sempre. Eu agora não estou tão assustada em relação à morte. Não é que eu queira morrer, mas é que por ter tido aquela experiência eu não me sinto assustada, pois é como se eu tivesse alguma idéia de como será o final do processo.

Nasci católica romana. Minha mãe participava do coro da igreja e era muito religiosa; íamos à missa todos os domingos e coisas assim. Depois que saí de casa eu continuei indo à igreja até os meus vinte e quatro anos, e mesmo depois disso eu ia uma vez ou outra. Eu sempre ia à igreja quando estava com problemas – sempre que me sentia muito abatida, eu me voltava para a religião para sair do problema. Mas, desde a experiência, a minha religião é agora muito mais importante para mim. Nos domingos eu me levanto e vou à missa, e acho que devo ir, pois penso que qualquer dia pode ser o fim e quero estar preparada. Visito a igreja todos os dias e oro. Eu vou dormir rezando e sempre digo uma rápida oração quando acordo de manhã. Hoje em dia eu até comecei a ler a Bíblia – nunca antes em minha vida eu tinha pego uma Bíblia. Eu agora tento ler uma passagem a cada dia.

Penso que as pessoas podem abraçar qualquer religião que elas gostem, pois acho que todos nós acreditamos em um único Deus. Eu casualmente nasci numa família católica e fui educada em um convento. Eu nunca poderia me afastar da fé católica porque fui muito doutrinada. Sei que muitas pessoas se *afastaram* da religião católica, mas eu nunca duvidarei dela. Nunca duvidei dos ensinamentos e acredito que eles vieram diretamente de Deus. Não gosto da modernização de algumas coisas em minha religião, mas acho que eles estão tentando alcançar uma geração diferente.

Acho que eu também sempre acreditei em fenômenos psíquicos. Uma vez sentei em uma igreja e senti a presença da minha mãe lá. E quando minha mãe morreu, eu cheguei perto do caixão com o rosário dela em minhas mãos e ele simplesmente se partiu! Não foi minha imaginação. Eu era uma menininha, estava falando com ela e chorando, e o seu rosário se partiu, o fio arrebentou. Eu disse isto somente para a minha avó.

De algum modo eu sempre senti que já estive aqui antes, que já fui outra pessoa. Tenho a forte sensação de que vivi na era vitoriana, e qualquer um que visite a minha casa verá que não suporto nada moderno, não suporto nada que seja frio. Adoro tapetes, coisas antigas. Sempre me senti muito feliz e confortável nesses ambientes.

Sou também bastante clarividente, mas isso é algo que guardo para mim mesma. Tenho tido experiências de encontrar coisas, especialmente animais. Encontrei muitos, muitos animais perdidos – eu podia de fato vê-los. Uma dessas experiências foi com uma velha amiga minha, uma senhora muito idosa que tinha perdido o seu belo gato branco. Ela ficou muito angustiada. Tão logo ela me contou tive esse rápido vislumbre e disse: "Está tudo bem, eu posso vê-lo e não está longe daqui; ele está no pátio da escola." Ela foi lá, e o gato lá estava. Tive muitas experiências com animais – essa foi apenas uma delas. Às vezes me pergunto o porquê disso, embora saiba que tenho afinidade com os animais, e que eu os amo muito. Estou sempre alimentando pequenos vira-latas, dando-lhes abrigo, cuidando deles e obtendo ajuda para eles.

Mas também tive experiências com pessoas, quando pude sentir que estavam mentindo ou que não tinham estado onde diziam ter estado – eu as podia ver em outros lugares. No momento eu tenho um amigo que está com um problema terrível – ele foi demitido ontem. Ele me ligou hoje de manhã e disse: "Estou tão assustado." Então eu lhe falei: "Não fique assustado, pois tudo vai dar certo." Posso ver que na semana que vem ele vai começar em um outro emprego. Sinto isto de maneira muito forte.

Toda a minha personalidade mudou desde a minha experiência. Eu sou uma pessoa mais calma, mais tranqüila. Ainda sou gregária, gosto de estar com outras pessoas, mas não mostro muito isso agora. Eu escuto as outras pessoas e antes eu não fazia isso.

Eu não sou mais solitária, não me sinto mais isolada. Tenho tantas coisas em minha vida que me interessam agora. Adoro estar em minha própria companhia. Adoro meu pequeno gabinete e posso ficar lá o dia inteiro. Adoro a minha casa, eu a sinto à minha volta – ela é tranqüila e agradável, boa e limpa (risos). Às vezes fico um pouco irritada quando o telefone toca – às vezes ele parece nunca parar de tocar – é devido ao meu trabalho com saúde e nutrição. Ando a cem por hora, mas todo dia, às cinco da tarde, eu paro, ligo a secretária eletrônica, e fico a sós comigo mesma. A vida é bela. Estou tão feliz, tão alegre (risos). Sinto que eu poderia gritar para o mundo que eu fui elevada, sinto honestamente que fui elevada.

Hoje em dia nada me preocupa porque sei que tudo vai dar certo. É maravilhoso. Digo ao meu médico que não sei como consigo fazer todas essas coisas durante o dia. Levanto-me às cinco e meia da manhã, tomo uma xícara de chá e alimento os pássaros. Assim que clareia o dia coloco um abrigo velho e levo o cachorro para caminhar e tudo o mais é feito. Às oito e quarenta e cinco estou pronta para que o telefone toque ou o que quer que seja. Mas é tão fácil! Não me perturbo e é exatamente assim que tem sido desde a experiência. É maravilhoso! Deus está sempre presente para me ajudar. Algumas vezes eu também pedi ajuda à minha mãe. Acho que Deus nos dá essas pessoas, esses guias ou anjos da guarda, para nos ajudar. Eu realmente acredito nisso.

Eu agora sempre tenho uma sensação de bem estar, de que tudo está bem, de que tudo vai ser ótimo. No fundo eu acho que talvez tenha passado por todas aquelas coisas para chegar a este ponto. Acredito que temos que fazer jus ao amor, fazer jus ao respeito, e acho que agora eu mereci o amor. Não estou me referindo ao amor como "paixão"; refiro-me ao *amor*.

Descobri que você tem que enfrentar a morte sozinha, completamente só. Percebi isto já no primeiro dia quando os médicos disseram: "Olhe, você corre o risco de morte instantânea. Você não vai voltar para casa, o seu pescoço está quebrado." Eu estava encolhida na ala de traumatismo da espinha e foi quando eu comecei a olhar para tudo isso: "Como é que vai ser? O que vai me acontecer?" E comecei a rezar para Deus e pedi que o Espírito Santo me infundisse força. E uma enorme calma me envolveu, me envolveu mesmo. Foi maravilhoso. Mas senti que ainda estava apenas comigo mesma. Não importa se você tem um namorado ou um marido ou cinco mil filhos, você está com você mesma e tem que enfrentar a situação sozinha. Mas meu marido estava lá de manhã, de tarde e de noite, e eu pensei comigo mesma: "Nossa, será que tive de passar por todas essas coisas para descobrir isso?" Meu marido foi a única pessoa que ficou ao meu lado quando quebrei o pescoço. Aquilo foi incrível, eu nunca esquecerei dele por isso. Agora o nosso relacionamento é muito mais forte.

Também me tornei muito, muito próxima de minha irmã desde a experiência. Antes eu não gostava dela porque ela não se adequava ao meu ambiente social. Eu era uma terrível esnobe!

Eu trabalhava com espetáculos e essa é uma área muito exclusivista. Não sinto nenhuma falta disso. Eu não pude sair logo em seguida do mundo dos espetáculos após a minha experiência. Eu não queria mais participar de algo tão material, tão falso. Eu não queria mais me misturar com aquelas pessoas. Bem, eu ainda tenho muitos amigos na TV que são como nós e eu ainda os vejo. Mas meus velhos amigos da TV – eles eram tão ambiciosos, sabe, tão difíceis! Fiquei tão contente de entrar em meu carro e me afastar de toda aquela mesquinharia, aquele nada. E pensei que é como se ter um segredo que você não pode comunicar para ninguém mais.

Agora eu gosto de estar com o meu tipo de pessoas. Percebo que estou convivendo cada vez mais com o meu tipo de pessoas e que as outras estão indo embora. Eu não tenho mais uma dupla face. Hoje eu trabalho com saúde e nutrição e me importo com as pessoas e procuro ajudá-las. Bem, tratase de um negócio, mas é maravilhoso ver alguém emagrecer ou engordar ou a pressão sangüínea de alguém baixar. E há também, sabe, um adorável sentimento de respeito pelas pessoas. Estou estudando e treinando o tempo todo e isso, para mim, tem sido fantástico.

Depois do acidente eu também me inscrevi na universidade para cursar artes dramáticas. Consegui ir até o final do ano mas não pude continuar porque fiquei muito ocupada com todas as minhas outras coisas. Fui às sessões de orientação e ao campus da universidade. Era algo que eu tinha que experimentar e o fiz. Lá estava eu – uma estudante madura; achei aquilo muito estimulante.

Tenho muita energia e ainda faço muitas coisas. Sou muito mais compassiva e terna para com as necessidades dos outros, mas agora também estou fazendo mais coisas para a minha própria satisfação interior. Para mim é importante fazer a coisa certa. Eu agora não consigo mentir, nem mesmo blasfemo tanto como costumava fazer! Simplesmente tento ser uma pessoa verdadeiramente boa.

Eu realmente gostaria que muitas pessoas pudessem ter a experiência – isso mudaria o mundo! Eu gostaria que o mundo inteiro pudesse se sentir da maneira que eu me sinto.

# ALEXANDRA

*No ano em que comecei a minha pesquisa eu soube que Alexandra tinha recentemente falado sobre a sua EPM numa reunião da Sociedade Jung. Também soube que ela conduziria um seminário de um dia de duração sobre a morte e o morrer num ambiente idílico – no topo de um rochedo próximo à praia, ao sul de Sydney. Eu naturalmente me inscrevi para o seminário.*

*O seminário foi para mim uma experiência comovente, mas também me deu a oportunidade de conhecer melhor a Alexandra do que teria sido possível em uma atmosfera de entrevista. Ela é uma pessoa calorosa e gentil, ao mesmo tempo que se expressa com encantadora delicadeza, simplicidade e objetividade. No contexto do seminário, pude ver claramente o quanto ela é habilidosa e enfática em seu trabalho com os participantes.*

*Na semana seguinte eu a visitei na casa de uma amiga, onde ela estava hospedada até voltar para o seu trabalho clínico nos Estados Unidos. Tive sorte de ela poder me encaixar em sua agenda repleta de compromissos – ela tomou o café da manhã enquanto conversávamos. Alexandra tinha vinte e nove anos na época de sua EPM e conversamos vinte anos depois.*

A experiência pareceu acontecer por estágios – não foi uma única coisa. Eu sabia que a equipe médica estava terrivelmente preocupada comigo. Isto foi cinco dias depois da operação – tive meu rim esquerdo removido e estava sofrendo de uma infecção sangüínea. Eles estavam me observando bem de perto, entravam e saíam, e eu recebia transfusões de sangue e estava um pouco tonta e delirante e com muita dor – e eles tinham acabado de me dar mais injeções. Eu percebia que estava cada vez mais fora do meu corpo e, no começo, aquilo me incomodou um pouco porque pensei: "Talvez eu esteja morrendo!" Não sabia tudo que estava realmente acontecendo, mas sabia que estava na lista dos que se encontravam gravemente doentes e que as únicas pessoas que tinham permissão para me ver eram os membros da minha família – e eles estavam transtornados demais para entrar! Eu realmente senti, então, que a situação estava mesmo ruim (risos).

Eu podia ouvir, da minha cama, as conversas na sala das enfermeiras. E me lembrei, retrospectivamente, que tinha estado observando parte da operação. Observei quando eles me abriram. E então acho que devo ter desmaiado por uns momentos, mas lembro que a equipe de enfermeiras estava lá – você sabe, elas todas vestidas igualmente – você tem que realmente conhecer os seus olhos para poder reconhecê-las. Eu lhes falei isso mais tarde, e elas ficaram tão chocadas que exclamaram: "Mas você estava dormindo!" E eu disse: "Não, eu vi vocês lá." E experimentei, assim, um número cada vez maior de viagens para além da dor e da preocupação.

Lembro que cada vez que o médico entrava nas sala , franzia um pouco as sobrancelhas e ficava bem quieto. Ele era uma pessoa muito boa e tinha um jeito adorável de atender os pacientes. Ele era muito mais do que um médico. Percebi que eu estava captando as preocupações de todo mundo e fiquei com vontade de dizer a eles: "Ei, quando estou fora do meu corpo eu me sinto ótima!"

Lembro-me de rolar, pular e voar e de me movimentar muito livremente, e pensava: "Não seria legal fazer isto novamente?" (risos). Havia esse tipo de memória dividida – de estar no corpo e fora do corpo – e lembro de num dado momento pular até um pequeno pátio próximo da capela – um lugar bastante agradável. Lembro de mais tarde tentar visitar o lugar novamente quando estava fora do corpo, quando me ocorreu que eu poderia ter algum problema se eles fechassem a janela e eu não pudesse entrar (risos), e por isso decidi que seria melhor apenas olhar para o lugar e não ir tão longe.

Um dia, quando meus sinais vitais deviam estar realmente lhes preocupando, eles trouxeram um sacerdote para me ungir e eu pensei: "Oh, as coisas devem estar bem ruins! (risos). O que é que eles não estão me dizendo?" Esses pensamentos estavam muito vívidos em mim. Lembro do sacerdote chegar a me oferecer a hóstia, o pão, e ele segurava o cálice em sua mão quando, subitamente, ele desmaiou, e me lembro de pensar: "Oh, mas eu não recebi a hóstia – será que vou para o inferno ou algo assim?" (risos). Ele simplesmente apagou e veio alguém e o ajudou. Ele caiu no chão.

Lembro de tentar confortar minha mãe naquele estado fora do corpo – eu não fui, literalmente, até a sua casa, mas a vi sentada em casa e senti como ela estava triste e profundamente pesarosa de que eu pudesse morrer antes dela. Aquilo foi muito tocante. Ela estava com câncer naquela época, e meu pai tinha morrido no ano anterior. Minha irmã estava desesperada, e meu irmão sofria muito! Ele veio ao hospital duas vezes, mas não pôde subir as escadas – as suas pernas não agüentaram. O pai de sua esposa estava no hospital na mesma época, e assim os únicos visitantes que tive foram o pai de minha cunhada, o capelão que veio me ungir ( ele não foi de muita ajuda) e um amigo, um homem muito, muito bom, uma pessoa muito querida que me trouxe, várias vezes, minhas flores prediletas. E lembro que havia uma sensação de luz à sua volta. Ele tinha enterrado o seu pai bem recentemente e eu podia sentir esse amor vindo dele.

Mas a grande experiência final ocorreu naquele quinto dia, em algum momento durante a tarde. Eu senti estar no teto e eles estavam falando sobre mudar a aplicação intravenosa ou algo parecido, e havia como que uma pequena conferência. Logo depois disso, senti como se estivesse caindo em um abismo. E era um tipo de queda, não de vôo, um movimento fora de controle. Era muito, muito aterrorizante e pareceu prosseguir por um longo tempo. Tive a sensação de que havia lama à minha volta e, meu Deus!, não havia ar. Era úmido, escuro e havia como que formas e cheiros nojentos ao meu redor. Eu imaginava que estava caindo em algum buraco horroroso, mas ele era muito grande e não havia paredes, nem parâmetros pelos quais julgar, e havia cada vez menos luz. E então ficou completamente escuro.

Lembro de rezar com todo o meu coração para que eu não ficasse perdida no espaço ou no universo. Senti como se estivesse caindo no inferno. Senti que aquilo devia ser o inferno e que eu pereceria, ou seria comida, ou cairia na lama ou simplesmente morreria. Não apenas morrer; eu seria apagada! Foi a sensação mais terrível. Aquilo foi uma das coisas mais assustadoras que já me aconteceu. Eu estava tão só. Seja como for, naquele momento que você chamaria de terror e desespero absolutos, eu gritei, de uma forma um tanto impotente, mas eu gritei. E também me lembro que não ouvi nada, não nesta parte da experiência.

Então, finalmente, eu pareci tocar o chão e aquilo sobre o qual caí era como se fosse uma enorme cama, mas não era uma cama e sim dois grandes braços. E me lembrei da passagem: "Oh, não vos esqueçais, por baixo de tudo estão os braços eternos."[5] E senti que aquilo era o mais baixo que eu podia alcançar (risos). Senti que estava segura, como se estivessem me dizendo: "Você é uma criança de Deus." E logo depois comecei a ouvir a voz de minha avó. Eu nunca havia ouvido a voz de minha avó em vida, mas ela estava falando comigo em francês, e eu a compreendi perfeitamente. Compreendo um pouco de francês, mas o compreendi melhor do que de costume, e então, gradualmente, comecei a vê-la. Ela tinha um corpo de luz e certamente não era de carne e osso, mas era muito calorosa. Ela possuía um corpo, mas parecia estar cheia de amor, e é a isso que chamo de luz – era uma sensação muito calorosa, radiante, brilhante e adorável. A luz vinha dela. "Você pode escolher se você quer viver ou morrer."

De repente, a seriedade da situação realmente me impactou, não apenas ao nível de puro terror, mas também ao nível da mente e do coração. Eu pensei: "Oh, isto é real!" Eu não encarava mais a situação como uma brincadeira. Antes daquilo, a experiência fora do corpo tinha sido uma brincadeira. Quando ouvi a sua voz – "Você pode escolher se quer viver ou morrer" – foi como uma faca, e pensei: "Meu Deus, como posso escolher? Eu não sei, eu não conheço essas coisas." Eu nem sabia que você poderia fazer tal escolha. Lembro de pensar, naquele momento, de como nunca tinha pensado sobre aquela questão. Então senti como se ela estivesse me segurando e era como se ela fosse maior do que o normal.

Enquanto eu falava com ela era como se houvesse uma névoa e havia cada vez mais luz, mas não era brilhante. Ouvi muitas vozes ao seu redor – ela não parecia estar totalmente sozinha, mas eu não podia descrever aqueles outros seres. Era como se ela estivesse bem no limiar e pudesse se comunicar, me alcançar e me tocar e falar comigo. Senti como se ela tivesse me tranqüilizando, dizendo calmamente: "Você deve escolher, você deve escolher." E então, em meio à minha indecisão, tive um vislumbre do meu corpo. Era como seu eu estivesse com ela num tipo de limbo e, mesmo assim, tive um vislumbre do meu corpo e o vi se separando, como duas réplicas flutuando separadamente. E pensei: "Oh, se eu não voltar imediatamente vai ser o fim!"

Lembro-me de que aquela nota forte de seriedade continuava a crescer. Eu pensei: "Nossa, é o fim!" Mas então ponderei: "Não posso escolher, eu não sei." E ela continuou a me cercar, calmamente, com aquela presença de amor. "Escolha em nome do amor." Aquela foi para mim a palavra chave em toda a experiência. E eu sabia que não se tratava apenas de algum *pequeno* amor.

Finalmente, acho que escolhi num segundo (estala os dedos). Não havia tempo para uma grande discussão a respeito. Não havia tempo para quase nada, mas me pareceu que ela estava me inculcando a noção de que eu *devia* fazer a escolha. Senti que era algo muito importante e uma grande obrigação e que, pela primeira vez, eu estava reivindicando a minha vida. Senti que tinha que fazer aquilo sobre o qual eu tinha menos conhecimento – senti como se conhecesse mais sobre o morrer do que sobre viver e amar. E pensei: "Bem, agora eu devo buscar compreender, no mundo, o que é o amor." Tinha a sensação de que estava escolhendo aquilo que eu não conhecia muito e que era profundamente importante que eu aprendesse.

Voltei imediatamente ao meu corpo, completamente – foi como se alguém me empurrasse de volta. Lembro que foi como um puxão e lembro de ver uma conexão entre o teto aqui em cima e o chão lá embaixo, como um pequeno deslizamento. Não vou dizer que vi um cordão de prata, mas me pareceu como um caminho. E me lembro de acordar sentindo uma dor agonizante. E comecei a chamar, a gritar, pois a equipe de enfermeiras tinha momentaneamente saído, talvez para finalizar sua conferência. Elas estavam pensando em me transferir para uma unidade de tratamento intensivo, pois eu parecia estar simplesmente morrendo. E tudo aconteceu naquele breve momento, quando tinham saído para implementar sua tomada de decisão.

Irmã Maria, a enfermeira chefe, voltou e me viu nesse estado luminoso, e acho que compreendeu imediatamente o que tinha acontecido. Lembro dela como que se ajoelhando e chorando, e mais tarde ela me disse: "Isso é terreno sagrado." Também tive visões de uma guia, uma jovem índia americana – eu podia vê-la com os meus olhos abertos durante o dia.

Senti como se ela tivesse sido enviada para ajudar na transição, e ela parecia estar muito ligada à minha avó. Eu não sabia, na época, que ela era uma índia americana, mas podia vê-la brilhando, e a enfermeira também a via. E tudo isso aconteceu no quarto.

Lembro, também, que a dor era a minha preocupação principal, e quando Irmã Maria estava presente era bom, mas tão logo ela saía não era tão bom (risos). Lembro que mais tarde, naquele dia, tentaram me dar um pouco de narcaína, o que foi bom. Aquilo me fez sentir um pouco mais "sólida", e acho que eles também decidiram parar com as injeções e fazer alguma outra coisa. O fato é que tive uma recuperação incrível. Eles mal podiam acreditar – minha pressão normalizou-se, como também meu pulso. E assim tudo foi dando certo e eu saí do hospital cinco dias depois! Foi incrível. Eles estavam todos balançando suas cabeças e dizendo: bem, talvez eles estivessem errados sobre a septicemia. Senti como se meu corpo estivesse quase cheio de um peso novo, mas era como se fosse uma luz substancial. Não era mais uma escuridão.

Acho que é bem óbvio que havia forças de amor agindo naquela experiência. Eu era tão curiosa acerca da morte que poderia facilmente ter dito, de forma insolente: "Teria sido engraçado explorar a situação." Mas então, subitamente, eu compreendi a enormidade daquilo e algo mais aconteceu que é difícil colocar em palavras – acho que tive um vislumbre do meu propósito na vida como nunca tinha visto antes. E não é que eu não tivesse um sentido de propósito e direção antes, pois na verdade eu o tinha de modo muito forte, mas acho que ele não possuía muita substância até aquela experiência. Quando jovem, eu costumava escrever afirmações pretensiosas do motivo pelo qual eu queria ser médica. Mas, depois da experiência, o meu propósito não era mais apenas sobre o pequeno eu – era um propósito que ia muito além de mim, mas que me incluía. Eu realmente descobri um outro nível de alegria e significado. Não havia nenhum tipo de coerção. "Escolha por amor" – essa é uma afirmação muito enigmática! Lembro de tentar pensar e depois perceber que aquilo estava além da minha mente, e então eu como que me dissolvi, meu ego se dissolveu. Eu provavelmente era uma médica bastante presunçosa naquela época. Aquela experiência mudou tudo!

Doze anos mais tarde eu fui estuprada, mas minha avó estava lá novamente, desde o começo. A experiência durou cerca de sete horas. Foi algo terrível, realmente horroroso. Ele possuía duas armas e levei pelo menos dez minutos para efetivamente perceber o fato de que aquilo estava me acontecendo. Não muito mais do que isso pois, àquela altura, ele estava me fazendo atravessar um parque muito escuro e era óbvio que não havia nada para ele roubar, exceto a minha vida. Estava anoitecendo e era inverno.

Lembro-me de que minha avó foi a primeira a estar lá. Deus a abençoe, ela parece estar sempre presente quando necessito dela. Mas também senti que meu avô, minha mãe e meu pai estavam lá, e também havia uma outra pessoa, e acho que era minha madrinha. Mas as pessoas chaves eram a vovó, o vovô, minha mãe e meu pai.

E eu falava com esse homem o tempo todo. Ele estava com muita raiva e me jogava no chão. Logo em seguida, no frio e em pânico, e com a lembrança constante das armas – ele apontava uma para o meu olho e a outra para as minhas costas – o meu coração começou a bater como louco! Não sei como as minhas pobres glândulas supra-renais continuaram funcionando durante toda aquela noite, mas senti que podia cair morta devido a um ataque cardíaco. Foi tão horrível! E o tempo todo eu como que rezava em voz alta e falava com o homem – é como se estivessem me transmitindo as palavras – e eu via a minha vida. Era como um filme contínuo, ininterrupto, de toda a minha vida, de cada cena em seus detalhes (incidentes importantes e não importantes), um fluxo constante de consciência.

Senti que a única coisa que eu poderia fazer era me preparar para morrer. Eu disse a ele: "Bem, creio que estarei morta amanhã, e por isso há umas poucas coisas sobre as quais eu gostaria de pensar ou resolver." E eu como que brincava com ele e dizia: "Pelo amor de Deus, faça um bom trabalho, não me deixe meio morta. Sabe, eu preferiria que você acabasse com tudo de uma vez ou me deixasse ir." Aquilo finalmente o impressionou e ele ficou interessado. Acho que poucas mulheres, estando na presença de um assassino, encarariam a morte daquela maneira. Acho que aquilo o enfraqueceu terrivelmente, e o fato de eu falar o tempo todo em morrer o fez querer fazer uma outra coisa. Seja como for, ele levou um longo tempo para se decidir e continuou ameaçando me matar. Quem era eu para saber que esse homem tinha antecedentes terríveis de roubo à mão armada?

Naquela noite me senti como se estivesse no mundo dos meus parentes falecidos. Senti como se estivesse terrivelmente desincorporada – até mesmo pior do que estive no hospital. O meu cérebro e tudo mais mantiveram-se firmes durante aquela experiência, mas não agüentariam por muito mais tempo. Acabei tendo uma diabete muito séria depois daquilo.

O fato é que eu estava tão fora do meu corpo que havia apenas um vínculo tênue entre eu e ele. Lembro-me de assistir ele me estuprar como se eu não estivesse bem presente. Eu estava passando por tudo aquilo e sentia: "Bem, eu não quero que minha alma toda seja deformada por essa experiência. Eu vou me retirar." Eu cheguei até a experimentar um tipo estranho de exultação por poder suportar tudo aquilo, embora não estivesse me sentindo uma pessoa corajosa; pelo contrário, senti que eu dependia totalmente de auxílio e que podia recebê-lo. Não havia nenhuma dúvida – aqueles seres estavam lá e iriam me ajudar, no que quer que fosse acontecer. Aquilo não tinha mais nenhuma importância, pois eles estavam lá.

Lembro de pensar que eu não deveria adormecer, por mais difícil que aquilo fosse para mim. Entre o meu bater de dentes, meu estado congelado e a condição de estar fora do corpo, o esforço de permanecer desperta era considerável. Porque meu corpo estava frio (era como se fosse uma hipotermia), eu me sentia muito sonolenta, e também já era muito tarde e ficava cada vez mais tarde. Eu não estava certa de que poderia agüentar e senti que se tivesse adormecido, ele bem que poderia ter me matado.

Durante todo o processo era claro para mim que eu realmente queria viver, mas se aquilo não fosse possível, senti que eu já tinha tido uma boa vida, senti que eu poderia morrer. Eu não queria morrer, mas se isso acontecesse, eu não faria nenhum estardalhaço a respeito. Lembro-me de ter como que resolvido a questão com o estuprador logo no começo. Acho que até mesmo lhe disse que eu trabalhava com pessoas que estão morrendo. Depois que tudo terminou, minha sensação é de que não retornei para o meu corpo ainda por uns cinco meses.

Mesmo antes da primeira experiência eu nunca tive medo da morte. Quando eu era garotinha, costumava caminhar com minha mãe enquanto ela vestia o que eu chamava de "os duros" (defuntos). Ela era enfermeira distrital, e eu vi a morte desde uma tenra idade. A morte não era, em absoluto, algo estranho. Ela me chateava um pouco, mas não num sentido convencional. Eu era muito curiosa a esse respeito.

E quando eu era mais jovem, eu acreditava firmemente na vida após a morte, embora aquilo fosse algo mais mental. Quando eu era criança, os meus pais falavam abertamente em casa sobre vida após a morte e fenômenos psíquicos, já que estavam profundamente interessados nas obras de Rainer Johnson (que era ligado a Edgar Cayce e à Sociedade de Pesquisas Psíquicas, em Londres). No entanto, quando entrei na Escola de Medicina me esqueci totalmente disso! Esqueci mesmo, como se aquilo nunca tivesse existido. E quando me tornei uma médica licenciada, os meus primeiros oito pacientes estavam mortos, e pensei: "O que será que isso significa?" Hoje eu sinto que gostaria de ter sido mais útil a eles. Eu gostaria de não ter pensado na época: "Oh céus, não posso fazer nada por eles!" Eu poderia ter feito algo por eles – estavam mortos, mas ainda estavam em volta de seus corpos.

Acho que sempre estive interessada na morte e no morrer. A morte é tão fascinante para mim como o nascimento. Eu não escolhi especificamente trabalhar nessa área em especial, mas simplesmente aconteceu. Acho que isso se tornou uma escolha mais consciente depois que minha filha morreu em 1984. E eu senti então: "Bem, está certo." A única maneira através da qual eu pude me recuperar foi dizer: "Sim, eu farei esse trabalho, mas não necessariamente em tempo integral." Mas quando olho para o meu trabalho clínico, o assunto que surge mais freqüentemente é que alguém na família está morrendo, ou que não tinham conseguido superar a morte de alguém. Eles continuam a vir a mim. É algo que prossegue o tempo todo, e portanto percebo que se não é um problema direto, literal, pelo fato de alguém estar morrendo, é uma transformação psicológica daquele mesmo tipo. E por isso eu agora admito que essa é a área na qual tenho alguma forma de experiência.

Eu diria que, desde a infância, eu estive profundamente preocupada com o significado, as questões e os valores finais da vida, bem como com a religião, no sentido de explorar a realidade na qual vivemos. Mas me afastei muito rapidamente do tipo de religião organizada antes mesmo de terminar a escola primária. Tive sorte pois a minha família não era estrita nesse sentido – eles eram quacres; meu pai vinculou-se a uma igreja protestante e minha mãe disse que eu também devia estudar outras religiões. Meus pais eram ambos bastante abertos intelectualmente.

Nunca pertenci a nenhuma denominação específica e mesmo agora sinto mais afinidade com algo como o Quacrismo ou o Sufismo – algo que é universal e que abarca todos os grandes caminhos religiosos. Penso que as pessoas necessitam, sem dúvida alguma, da opção de caminhos diferentes.

Na época da minha EPM eu não fazia nenhum tipo de prática espiritual declarada, pois estava totalmente ocupada com a medicina – aquela era a minha vida espiritual. Não havia nenhum minuto para nada mais. Por dois ou três anos sem parar eu dormia apenas duas ou três horas a cada noite. Assim, após a experiência, a fragilidade do meu corpo me deu algum tempo livre; fui então para o interior e mergulhei na natureza. Voltei-me mais para a música e também comecei um tipo de análise jungiana, todas as quais considero como práticas espirituais. Mais tarde comecei a fazer ioga, mas não comecei a praticar meditação imediatamente porque não estava suficientemente bem. Acho que eu fazia minha meditação nos bosques. Quando fiquei doente, lembro de até mesmo gostar da solidão da doença. Eu odiava o seu lado corporal, mas gostava da sua quietude.

Eu queria mais solidão. Eu não queria voltar correndo para a medicina. Quer dizer, eu nunca mais voltei para a "viagem" da medicina. Aquilo tinha acabado para mim. E foi muito dramático, porque eu era então uma médica muito leal, conservadora. Sempre pensei que teria um sentido de auto-estima se eu fosse uma médica, mas agora posso ter um sentido de valor independente daquilo que eu esteja fazendo. Naquela época eu provavelmente ficava muito insegura se não estivesse em meu papel de médica. E isso não mudou do dia para a noite, mas acho que mudei radicalmente. Já era tempo.

Minha motivação na vida também mudou radicalmente. Embora tenha sido um pouco difícil no começo, foi um grande alívio largar a medicina. Descobri que eu não mais possuía a minha antiga ambição de ter conforto e dinheiro. Ela foi virada de cabeça para baixo. Não sei se tinha que ser, mas foi, aconteceu, e desde então tenho sido pobre.

Depois da experiência passei um ano inteiro fora, numa pensão realmente estranha, onde eu vivia sozinha, com uma muda. Realmente me retirei! Eu não estava muito forte fisicamente e o que fiz naquele ano foi estudar religião comparada e ter esperanças de que eu pudesse ir para o Instituto Jung. Fiz bastante ioga e tentei comer melhor. Mas, na maior parte do tempo, eu vivia lá sozinha. Era um lugar muito barato e estranho, e sempre havia esse pequeno pensamento em minha mente: "Você terá que fazer uma escolha."

Eu quase não via ninguém, exceto as pessoas que eu tinha que ver – os alunos e o professor de ioga. O professor e eu tínhamos uma forte ligação mas nunca conversamos, eu simplesmente fazia os exercícios. Eu não tinha vontade de falar, ou de gastar a minha energia ou o que quer que fosse, a não ser melhorar. Foi uma longa luta. Fiquei muito cansada. Há muito tempo que eu, secretamente, queria fazer estudos jungianos, e por isso eu me preparei e finalmente ingressei no Instituto Jung.

Hoje eu adoro sair e ver pessoas (risos), fazer um passeio de barco, brincar com as crianças. Não suporto ser uma expectadora passiva – não suporto assistir televisão, fico furiosa. Eu nem mesmo tenho um aparelho de televisão! Adoro pessoas, encontrar os amigos ou planejar uma festa, coisas assim, festividades e celebrações periódicas. Adoro coisas simples. Um dos meus melhores entretenimentos, quando tenho tempo, é a jardinagem.

Adoro ir para áreas desérticas, levar pequenos grupos para retiros no deserto. Eu realmente me lancei em atividades políticas quando era estudante (ligadas ao Vietnã e à abolição da pena capital), mas agora penso que faço mais política quando trabalho com pessoas. Eu, na verdade, nos últimos dois anos, fiz mais treinamentos dos ativistas da paz do que jamais tinha feito antes. O treinamento tornou-se mais introvertido. Ele é na verdade concebido para que eles conheçam a si mesmos, para saber se o conflito está dentro deles mesmos. Também estou muito envolvida no movimento ecológico mas, novamente, é tudo baseado, como nas viagens ao deserto, em fazer com que cada um seja responsável por sua própria situação ecológica pessoal.

Quando eu era criança , via auras e podia dizer algumas coisas a respeito. Minha mãe era altamente sensitiva e por isso aquilo era algo natural na família. Não era algo espetacular. Meu pai lia livros sobre todos esses fenômenos, e minha mãe simplesmente os conhecia. Quando ingressei na Escola de Medicina me foi dito, quase que literalmente, através de sonhos, que eu perderia aqueles dons por vários anos para que eu pudesse, por assim dizer, ter a atitude de uma médica e permanecer em contato com o mundo da medicina. Eu teria então que desenvolver outros meios de percepção. Isto para mim foi uma luta – usar o meu aparato sensório ao invés da minha intuição e minha percepção psíquica.

Sinto que nos últimos anos eu me tornei muito mais intuitiva. Não sei se usaria a palavra sensitiva. Não vejo muito auras hoje em dia, a não ser às vezes. Tenho intuições extraordinárias sobre o que está acontecendo com as pessoas, a ponto delas não acreditarem. Mas sinto que o poder psíquico é inato em muitos de nós – ele pode apenas adquirir formas diferentes.

Também sinto, de uma maneira muito forte na terapia, que as pessoas têm o poder em si mesmas. Não adianta muito encorajá-las a obter conhecimento de uma outra pessoa, a não ser para que comparem anotações. É importante que elas façam o seu próprio trabalho. Acho que às vezes as pessoas só precisam daquilo que chamo de recursos ou conhecimento. É importante não falar demais. Elas têm de ser primeiro inspiradas, mas depois que começam, eu as deixo ir por si mesmas.

Não me chamo de analista mas de uma instrutora dos caminhos da psique, porque acho que o meu trabalho agora é fazer com que as pessoas possam estudar e seguir os seus próprios interesses, ao invés de dizer o que elas têm que fazer. É uma maneira de fazer as pessoas começarem – é a verdadeira educação.

# 4. PONTO SEM RETORNO

*Parecia que a fronteira entre a vida e a morte estava lá em cima do túnel, onde estava a luz. Durante as duas primeiras experiências eu tinha certeza de que se eu tivesse entrado naquela luz eu não voltaria.*

(Olivia)

Durante a minha experiência próxima à morte[1] eu tive uma sensação similar. Eu tinha passado muito rapidamente por um túnel escuro – irresistivelmente atraída em direção a uma luz magnífica. À medida que me aproximei da luz, pude ver que ela era como a luz do sol, muito brilhante mas suave. Descobri então que eu podia ver, através da luz, um belo panorama: colinas tranqüilas, flores e pastagens onduladas pelas brisas mais suaves, tudo isso banhado por um brilho dourado. Eu queria muito continuar até aquele panorama, mas de algum modo eu sabia que se eu ingressasse na luz eu não seria capaz de voltar. E por isso parei bem próximo da luz, no fim do túnel, e refleti sobre a minha situação: eu estava no processo de dar a luz a um bebê – eu nem mesmo sabia se era um menino ou uma menina – e eu tinha um outro garotinho muito amado em casa que eu sabia que precisava de mim. A escolha era minha: eu poderia continuar até alcançar a luz ou voltar. Escolhi voltar por causa dos meus bebês, mas naquele momento eu sabia que estava voltando também por mim mesma, para que eu tivesse uma outra atitude diante da vida.

No meu caso, embora não houvesse nenhuma razão aparente, eu simplesmente *sabia* que o ponto sem retorno era a divisão entre o fim do túnel e o mundo de luz. Olivia tinha tido uma sensação semelhante até a sua terceira EPM, quando, como ela disse:

*"Eu estava cercada pela luz mas ainda assim voltei. Não consigo explicar."*

Freqüentemente me perguntam em que ponto as pessoas voltam e se elas querem voltar. Mas não há uma única resposta. Parece que, para os que passam pela experiência próxima à morte, em geral não há um único "ponto de retorno". E como a experiência de Olivia sugere, a linha divisória não é necessariamente constante até mesmo dentro da experiência de uma única pessoa. Contudo, em muitos casos, *há* uma nítida sensação de uma fronteira – seja ela visual, auditiva ou emocional – além da qual os que vivem a experiência não podem passar. Essa fronteira assume muitas formas – degraus, muros, rios, pontes, anjos, vozes e decisões estão entre as mais comuns.

Hal,[2] que tinha quatorze anos na época de sua experiência, chegou a entrar no "mundo de luz". Mas até mesmo naquele plano havia fronteiras além das quais ele não podia passar. Ele viu um riacho, e no outro lado do riacho estavam parentes falecidos que o chamaram. Mas percebeu que não podia atravessar. Como ele disse: "Parecia que eu estava em uma outra dimensão." No lado do riacho onde ele estava, encontrou com dois colegas de escola já falecidos que lhe mostraram as cercanias. Quando finalmente chegou o momento de voltar ao seu corpo, o seu amigo o levou até um muro. Hal descreve o que aconteceu:

*Ele me levou até o muro e disse: "Não há com o que se preocupar. Você simplesmente sai; é como sair de uma bolha. E você verá o seu corpo assim que sair."*

*Atravessei o muro e estava fora daquela dimensão e de volta à nossa, e estava sozinho. Eu podia ver o meu corpo e ele era azul. Achei que seria melhor voltar direto para ele. Eu não sei como consegui.*

Martine[3] de fato percebeu estar se movendo em um riacho, mas as suas preocupações com seu marido e seus filhos a fizeram retornar ao seu corpo antes que ela alcançasse a luz.

O riacho ou rio é uma fronteira comum descrita por japoneses que passaram pela experiência próxima à morte. Freqüentemente também é encontrada uma ponte como elo de ligação entre os dois mundos.[4] Numa recente viagem ao Japão tive a sorte de poder coletar várias histórias.[5] Uma delas dizia respeito a uma criança de seis anos de idade que esteve em coma durante três dias. Durante a sua experiência ela chegou até as margens de um rio. Podia ver o outro lado mas não pôde atravessar porque o rio era muito largo. Até onde sua vista alcançava, em ambos os lados do rio, podia ver muitas flores – dentes-de-leão, flores de lótus e muitas outras – ela nunca tinha visto algo tão belo. Havia uma ponte rio acima, e ela sabia que se pudesse alcançá-la poderia atravessar para o outro lado. Caminhou muito, mas não conseguiu chegar até a ponte. De repente ouviu, atrás dela, alguém chamando o seu nome. Olhou mas não pôde ver ninguém. Ouviu novamente alguém chamar seu nome, e então descobriu que havia voltado ao seu corpo. Em uma outra história japonesa, um menino com idade de aluno do segundo grau relatou que durante a sua experiência ele se viu na margem de um rio e começou a cruzar uma ampla ponte de madeira. Então ouviu um barulho rítmico se aproximando, vindo do outro lado. Um homem em um riquixá se aproximou, parou e acenou para o menino. Mas quando o menino viu a face feroz do homem, se assustou e voltou correndo pelo mesmo caminho de onde viera; e despertou do estado de coma.

Algumas vezes as pessoas encontram-se sozinhas no ponto sem retorno, outras são recebidas por um tipo de "comitê de recepção", composto de parentes ou amigos falecidos ou até mesmo por anjos. Algumas escolhem voltar, algumas são forçadas a voltar muito contra a sua vontade e outras subitamente se vêem de volta aos seus corpos. Nas quatro histórias seguintes, Moira descobriu que havia um degrau alto a ser ultrapassado antes que ela pudesse entrar no "mundo de luz", Patrick chegou até um muro, Olivia parou no final do túnel em duas ocasiões e Anthea foi confrontada por três anjos que lhe deram uma escolha.

# MOIRA

*Falei pela primeira vez com Moira quando ela me ligou depois de ler um artigo que eu havia escrito para a revista de um asilo. Combinamos de nos encontrar logo depois disso.*

*Moira é alta, tem cabelo branco e uma pele notavelmente translúcida. Sua voz é profunda e sua gargalhada exuberante. Parece muito mais jovem do que a idade que tem e é cheia de vitalidade.*

*Na época de sua EPM ela trabalhava como professora de dança para bailes, mas por ocasião da entrevista, desempenhava o cargo de diretora de bem-estar social de uma grande organização de caridade.*

*A experiência de Moira ocorreu quando ela tinha vinte e nove anos, e conversamos trinta e quatro anos depois. Fui ao seu aprazível apartamento num dia muito quente no começo do verão.*

Eu vinha tendo muita dor no meu lado direito, ela ia embora e tornava a voltar e finalmente ficou tão forte que fui levada às pressas para o hospital. Eles diagnosticaram apendicite aguda e me operaram. Mas depois da operação eu não melhorei – fiquei cada vez pior. Ao redor do quarto dia após a cirurgia eu simplesmente me entreguei, estava me sentindo tremendamente doente. Era como se algo dentro de mim estivesse definhando e eu tentasse me agarrar àquilo. Eu podia sentir que toda a minha força estava desaparecendo. Lembro-me do exato segundo em que pensei: "Não posso continuar, tenho que desistir, isto é o fim." Seja como for, eu desisti e então tudo ficou escuro. Lembro de alguém chamando um médico ou pessoas vindo para a minha volta, e depois ficou escuro, escuridão absoluta. E estava quente, era um tipo de escuridão quente. Senti como se estivesse envolvida por ar quente.

E então pude ver uma luz bem no final daquilo que parecia ser um túnel. Ela estava muito, muito longe, era uma luz muito pequena. E eu sabia, sem nenhuma dúvida, que tinha que chegar até aquela luz – senti um tremendo poder me atraindo – e então comecei a ir em direção a ela. Mas ao mesmo tempo, por estranho que pareça, havia algo me segurando – senti como se estivesse caminhando com dificuldade através da água. (Você sabe que quando está caminhando através da água é muito difícil movimentar as pernas.) Mas não havia água lá, era como se o ar pesado estivesse tentando me segurar. Eu me esforçava cada vez mais para alcançar aquela luz – eu sabia que tinha que chegar lá. Ela se tornou então cada vez maior e eu finalmente me encontrava naquela luz. Era como se fosse uma enorme janela panorâmica iluminada. E havia um degrau muito alto a ser ultrapassado antes que eu pudesse alcançar a luz.

À medida que eu olhava através dessa tremenda luz pude ver que lá havia um glorioso jardim. Era o jardim mais bonito que eu já tinha visto – com muitas árvores, arbustos e relva. Era tão belo e bem cuidado que se tinha a impressão de que muita gente trabalhava nele. Tudo aquilo estava envolvido por uma bela luz dourada, e à medida que eu olhava para aquela luz achava-a cada vez mais bonita e sabia que queria estar no meio dela. Mas tive um profundo sentimento de decepção porque não encontrei ninguém. Eu pensava que muitas pessoas estariam lá esperando por mim. (Não sei por que eu achava que teriam pessoas lá (risos), simplesmente surgiu na minha cabeça.) Fiquei amargamente desapontada mas, ao mesmo tempo, era maravilhoso estar lá.

Não sei por quanto tempo eu fiquei lá. Eu estava perdida naquela luz e naquele belíssimo ambiente. E tinha a sensação de que o lugar estava cheio de vida embora não se avistasse ninguém. Senti que todos deviam estar se escondendo atrás das pedras e das árvores (risos) – era uma sensação muito estranha. Senti o seu calor e o seu amor, mas eles não apareciam. Continuei lutando para subir esse enorme degrau enquanto esse ar pesado (ou o que quer que fosse) me segurava. Não sei por quanto tempo fiz isso, parece ter durado um bom tempo. Decidi fazer um esforço ainda maior para chegar até aquele jardim. Então ouvi uma voz que disse: "Você chegou muito cedo." E com isso eu desisti e voltei numa velocidade tremenda. Retornei ao túnel rapidamente, de volta à escuridão.

E então eu despertei e havia todos esses rostos ao meu redor e todos estavam trabalhando em mim. Ao que parece, eu quase tinha morrido. Somente dois dias mais tarde, quando estava me sentindo muito melhor, contaram-me que eu tivera uma infecção renal muito séria. Não havia nada de errado com o meu apêndice. E foi isso que aconteceu. Depois que tudo passou, o sentimento permaneceu comigo por um longo tempo, e mesmo agora eu posso voltar a ele. Se me derem um momento, posso voltar direto a ele e experimentá-lo. E eu soube, daquele momento em diante, que a morte não existe, é apenas um estado de consciência diferente. É como fecharmos os nossos olhos nesta sala e despertarmos numa outra sala.

O que me impressionou é que tudo pareceu tão natural. Era perfeitamente natural que eu estivesse lá. A única coisa que lembro conscientemente de sentir foi a luta para chegar lá, e a tremenda decepção porque esses seres ou pessoas maravilhosas, ou o que quer que fossem, não estavam lá. Eu tinha a sensação de que lá haveria mulheres, homens e crianças, todos os tipos de pessoas, esperando apenas para me receber , me ajudar e, por assim dizer, "me dar as dicas" (risos).

Era como uma volta para casa, como se fosse um lugar onde eu tinha estado antes e, depois de uma longa viagem, estava voltando para ele – quase como o retorno do filho pródigo (risos).

Hoje acredito que não morri porque não era o momento certo. Sinto, de uma maneira muito forte, que estamos aqui para realizar certas coisas. Cada um de nós tem o seu próprio destino. Não quero dizer com isso que o nosso destino é estabelecido por alguém. Acho que o nosso próprio eu superior estabelece o que temos de fazer e o que é melhor para nós antes de chegarmos aqui, e então o fazemos.

Não falei a ninguém sobre a experiência, não naquela época. É que há trinta anos atrás você seria considerada louca por menos do que isso. Não falei sobre o assunto por muitos anos porque eu sabia que era verdade. Eu sabia que era a coisa mais verdadeira, mais genuína que jamais tinha me acontecido. Nem por um momento sequer eu pensei: "Oh, estou ficando louca" ou "deve ter havido algo de errado com o meu cérebro." Eu simplesmente sabia que aquilo era a verdade, e que era a única realidade verdadeira.

Eu agora sei que o que quer que estejamos vivendo ou fazendo aqui é apenas uma realidade ilusória, é apenas algo que fazemos até voltarmos para casa, para essa outra realidade. Mas naquela época eu não possuía uma filosofia muito clara. Eu sabia que havia algum tipo de Deus, ou ser supremo, ou alguma inteligência fundamental, mas eu não sabia o que era aquele Deus. Eu havia sido doutrinada pelas igrejas ortodoxas na crença de que Deus estava sentado lá em cima em um trono, de que ele tinha uma longa barba branca (risos) e que lançava raios e trovões cada vez que eu fizesse algo errado.

Muitos anos mais tarde eu finalmente contei a duas amigas minhas sobre a experiência. Elas andavam bastante preocupadas porque tinham tido experiências de visões e de ouvir vozes. Elas não sabiam o que era aquilo e pensaram que talvez estivessem ficando loucas. Eu então lhes contei a experiência e continuamos a conversar.

Eu nunca tinha lido nada sobre esse assunto antes da minha EPM, e somente muitos anos depois é que comecei a encontrar livros em que as pessoas descreviam ter passado por algo muito semelhante. Mas depois daquela experiência, comecei a investigar. Eu tinha lido livros comuns sobre Cristianismo e assuntos afins, os quais sempre me faziam duvidar. Eu sabia que havia um Deus ou uma inteligência subjacente a tudo, mas sentia que as igrejas não tinham compreendido tudo muito bem. E por isso eu comecei a experimentar. Fui a grupos espíritas e passei por toda aquela fase espírita, psíquica, e gradualmente passei dela para outras religiões – Mormonismo, Ciência cristã, todos os tipos de coisas. Gradualmente eu desenvolvi a minha própria filosofia: eu sabia que havia um Deus, mas sabia que não estava separada dele. Eu sabia que não precisava de um sacerdote ou de um ministro entre eu e Deus, e sabia que eu era uma parte de Deus.

Antes da minha EPM eu não estava muito segura do que acontecia por ocasião da morte. Aprendi na Igreja Anglicana que havia um céu, mas eu também tinha ouvido algo sobre o inferno e essas coisas, o que eu nunca pude conciliar com a idéia de um Deus amoroso. Eu pensei: "Bem, se esse Deus é tão amoroso como é possível que, se eu fizer algo ruim, eu seja lançada no fogo do inferno?" Acho que naquela época, muito mais do que hoje, as pessoas acreditavam em todas aquelas coisas ortodoxas. Eu na verdade me sentia como uma rebelde interiormente. Eu escutava o que todos diziam e balançava a cabeça, mas dentro de mim eu pensava: "Oh não, eu não posso aceitar isso, não está certo." E assim me afastei da igreja comum.

Hoje eu acredito que simplesmente ingressamos num outro estágio de consciência. Acredito que este corpo é o efeito das nossas mentes ou do nosso nível de consciência.

Assim, no momento possuo este tipo de corpo, mas quando morrer eu irei para um outro estado de consciência, mais expandido. Sinto que não existe morte, nós continuamos por toda a eternidade e, dependendo do nosso nível de consciência, poderemos ter um corpo espiritual, ou algo parecido, para usar.

Tenho pensado muito sobre a reencarnação – é uma hipótese muito boa – mas não sei se ela é verdadeira. Não sei se eu preciso voltar para esta Terra. Acho que talvez a natureza das coisas seja progredir em direção ao alto. Poderíamos simplesmente progredir para uma outra esfera de expressão em algum lugar. Eu não acreditava nisso de forma alguma antes da minha experiência. Pensava que isso não passava de um monte de lixo oriental (risos) até que comecei a minha busca. Então eu comecei a ler coisas orientais e percebi que eles sabiam muito mais sobre o assunto do que nós (risos).

Eu tinha um grande medo da morte antes da minha EPM. Não gostava nem um pouco da idéia da morte. Hoje eu não diria que lhe daria as boas vindas, mas não tenho mais nenhum medo da morte. Também tive uns poucos vislumbres de consciência cósmica, e é algo muito mais verdadeiro e muito mais real do que a nossa consciência nesse plano.

Eu não tinha nenhum interesse na morte ou no morrer. Acho que as questões nas quais eu estava realmente interessada eram: "O que significa tudo isso?"; "O que estamos fazendo aqui?"; "Qual é o propósito?", "Existe um Deus?" Meu sentimento básico era de que deve haver uma causa primeira ou algo parecido que começou tudo isso, mas eu não conseguia, de forma alguma, aceitar a explicação ortodoxa.

Percorri muitas religiões e sempre me defrontava com algo em que simplesmente não podia acreditar. E então, é claro, compreendi que não precisamos de nenhuma religião, pois somos uma parte de Deus. Nós todos somos uma parte de Deus, estamos imersos no espírito. Assim, embora Deus não seja como uma grande pessoa, nós somos todos uma parte de Deus. Cada um de nós é como uma célula no corpo de Deus, e portanto todos nós temos as qualidades intrínsecas de Deus: amor, paz, sabedoria, etc., mas não as reconhecemos porque temos essa sensação de separação. Quando pudermos superar essa sensação de separação, saberemos quem realmente somos e então seremos capazes de começar a expressá-lo.

A EPM foi para mim uma verdadeira experiência espiritual. Ela me mostrou que há rima e razão em todas as coisas. Antes, eu via todo o sofrimento do mundo e aquilo me parecia uma piada de mau gosto. Eu pensava: "Se um Deus amoroso criou tudo isso então não faz nenhum sentido." Mas a sensação que tive naquele lugar de luz foi tão maravilhosa. Havia tanto calor, amor, beatitude – era um sentimento de bem-aventurança absoluta que vibrava através de mim – e pensei: "Bem, este é o meu verdadeiro eu, este é o meu verdadeiro lar, é aqui que devo estar." E por isso agora, sempre que me sinto realmente abatida, lembro-me imediatamente da experiência e digo a mim mesma: "Bem, isto não é real, é apenas um efeito. O real está lá e é para lá que eu irei quando chegar a hora de ir para casa." É maravilhoso!

Depois que aquilo aconteceu era como se eu tivesse uma base sólida a partir da qual eu pudesse trabalhar. E assim, nos anos seguintes, investiguei várias religiões, encontrei pessoas maravilhosas e tive algumas experiências adoráveis, mas descobri que nenhuma delas era a minha. E então compreendi que não precisamos de religião.

Tenho tido muitas experiências psíquicas. Logo após (a EPM), passei por uma fase muito psíquica, uma fase clarividente. Eu havia me mudado para um apartamento com duas amigas que estavam interessadas em espiritismo, e assim comecei a ir a reuniões espíritas. No começo desdenhei aquilo tudo, mas depois de um certo tempo comecei a compreender que *havia* algo que era inexplicável. Tive visões de anjos –

bem, não exatamente anjos, mas seres belos – e senti como se estivesse recebendo orientação deles. Não falei muito sobre isso, porque pensei que as pessoas achariam que eu era meio louca.

Tive experiências fora do corpo quando ia para a cama à noite e me acordava flutuando sobre ela, observando o meu corpo deitado. E viajei várias vezes para diferentes lugares. Era quase como se eu decolasse do meu corpo numa tremenda velocidade e fosse para lugares (sei que isto parece uma bobagem) como o Peru. Nunca em minha vida estive no Peru, mas era como se eu estivesse no Peru e aquilo fosse há muitos anos atrás. Viajei para lá e vi todas aquelas pessoas vivendo em cavernas nas colinas; elas tinham uma civilização muito boa, mas viviam em cavernas. Elas se vestiam bem, tinham fogos nos quais cozinhavam suas refeições e não eram uma civilização de nível inferior. Pareciam ser pessoas bem organizadas, suas cavernas eram bem agradáveis, tinham um tipo de mobília e assim por diante. Não sei se viajei de volta no tempo ou se foi apenas um sonho, mas tive várias experiências desse tipo.

Nunca fiz isso voluntariamente. Li a respeito de pessoas que conseguem decidir o lugar para onde querem ir, mas não é o meu caso. Isso sempre me aconteceu por acaso, era algo que estava em último lugar na minha mente, e então eu acordava e, de repente, me encontrava em algum lugar ou às vezes acontecia na vida real. Sei que isso parece tolice, mas num certo dia, na vida real, eu estava caminhando pela rua e, subitamente, me vi fora do corpo e pensei: "Como pode ser?" Eu ainda caminhava pela rua mas estava há alguns passos atrás e olhava para mim mesma por trás e podia ver cada parte de mim. E pensei: "Oh, então é assim que ela se parece" (risos). Era como se eu estivesse olhando para uma outra pessoa, embora fosse eu mesma, porque eu disse "ela", eu não disse "então é assim que *eu* pareço". Eu estava bem consciente naquele momento de que eu estava simplesmente me "expressando" nesta personalidade por um breve momento e que o "eu real" era o que estava fora do corpo.

A mesma coisa aconteceu num certo dia na cidade. Tive uma queda muito séria e me senti como uma idiota. Eu tinha ido a uma loja de roupas mas não vi que lá havia um degrau, e enquanto examinava algo em um cabide, caí de costas por sobre o degrau e puxei toda a prateleira comigo. Quando percebi o que eu tinha feito, me senti como uma completa idiota. Enquanto eu caía, minha cabeça saiu para fora da porta, bateu no piso e sofreu um solavanco. Mais tarde eu descobri que todos tinham corrido para me levantar, mas senti como se estivesse deitada lá por um longo tempo. E à medida que caía, eu efetivamente sentia a queda, e o tempo parou – simplesmente parou – e pareceu que o impacto com o chão levou anos e anos. O tempo simplesmente não existia mais, eu estava descendo e levou séculos para que eu batesse no chão, e quando bati foi uma batida terrível. Senti como se tivesse sido lançada para fora do meu corpo. Eu pensei: "Oh, olha só, ela está deitada lá naquela sujeira com seu cabelo limpo" (porque eu estava no piso). Foi um sentimento engraçado. E à medida que as pessoas corriam para me levantar foi como um solavanco – voltei rapidamente ao meu corpo . Depois daquilo fiquei muito trêmula , então me sentaram em uma cadeira e me trouxeram água.

Tenho percebido que essas coisas acontecem quando estou fora da minha rotina normal. Ambas as experiências aconteceram numa época em que eu não estava muito feliz com a vida e me perguntava: "O que significa tudo isso?" , "O que estou alcançando?", e coisas assim. Mas é realmente impressionante porque eu nunca havia tido nenhuma experiência psíquica antes da minha EPM, a não ser alguns pressentimentos e coisas semelhantes. Certamente não houve nada específico que eu possa lembrar.

Quando estava passando pela minha fase clarividente, eu seguidamente via uma imagem assim que dobrava a esquina. Não sei porque, era como se eu entrasse numa outra freqüência – eu virava uma esquina na minha rua e via uma imagem de um pacote na porta da minha casa e, quando chegava em casa, dito e feito, lá estava o pacote. Ou eu dobrava a esquina para visitar minha amiga e dizia: "Oh, é claro, esta noite Sue vai me dar uma carona para casa", algo comum, sem nenhuma razão especial para pensar nisso, e quando eu chegava em sua casa ela dizia: "Oh, adivinha? Philip está vindo para cá e vai levar você para casa." Isso se tornou quase comum em minha vida. E as duas moças com quem eu vivia estavam sempre perguntando: "Oh, o que vai acontecer? O que vai acontecer?" Então eu comecei a dizer-lhes todos os tipos de coisas que aconteceriam e, dito e feito, elas aconteciam.

A fase de clarividência foi muito, muito forte. Acho que durou uns poucos anos, mas também descobri que ela tinha as suas armadilhas. No começo eu adorava fazer aquilo, mas depois havia a armadilha do "eu não sou esperta?" (risos). No princípio pensei que era ótimo eu poder fazer algo que não conseguia antes, mas depois a responsabilidade começou a pesar sobre mim. Percebi que todas aquelas pessoas sentadas lá, me escutando, iriam sair e fazer o que eu tinha dito, e aquilo era muito espantoso. Também compreendi que muitas pessoas, ao invés de usarem sua iniciativa e fazerem as coisas por si mesmas, começaram a se tornar dependentes daquilo que eu estava dizendo. Por isso eu me retirei – não gostei do que estava acontecendo. Achei que não era ético e que era uma responsabilidade muito grande. Acho que poderia ter continuado a usar essa faculdade, mas resolvi parar. Ainda tenho vislumbres de clarividência, mas não saio por aí procurando por ela.

Na época da minha experiência eu acreditava que eu não era nada, que todas as outras pessoas tinham uma educação muito melhor do que a minha. Naquela época eu era uma pessoa muito tímida, muito insegura com relação às minhas próprias habilidades. É difícil acreditar nisso agora! (risos). Na verdade, eu não tinha nenhuma habilidade. Somente aos vinte e oito anos é que consegui ter a minha primeira lição de dança e então, dentro de uns poucos anos, eu estava ensinando dança (risos). Eu tinha um bom senso de humor, mas só conseguia usá-lo com certas pessoas. Naquela época eu me sentia como se fosse uma pessoa oprimida, inferior, mas acho que em função da maneira pela qual eu fui criada. Mas desde então toda a minha vida mudou completamente. Ela se abriu e eu me tornei mais assertiva e mais consciente de quem eu sou. Agora compreendo que sou, em essência, um ser perfeito e que não tenho que temer a ninguém nem a nada. Quer dizer, ainda sou a velha Moira cometendo os mesmos erros, mas estou muito mais consciente do que está acontecendo e sinto-me muito mais autoconfiante.

Eu nunca fui motivada por dinheiro – minha principal motivação antes da (EPM) era viajar. Meu pai era um marinheiro, tinha estado no mar a maior parte da sua vida, e eu fui criada com histórias do mar e de viagens. Seja como for, eu tinha dentro de mim esse tremendo ímpeto de conhecer o mundo, mas nunca cheguei a sonhar que realmente pudesse fazê-lo, pois naqueles dias era impossível para uma menina ir para o mar. Mais tarde, depois da experiência, ao redor dos meus trinta anos, descobri que alguns navios tinham comissárias, mas a maioria delas precisava ir à Inglaterra para obter o seu certificado de primeiros socorros e várias outras coisas. Eu não tinha dinheiro para a passagem para a Inglaterra e então pensei: "Bem, isso é algo que eu nunca vou fazer." Mas com o passar do tempo eu compreendi que *tinha* que fazer aquilo. Contrariando todas as probabilidades, com trinta e seis anos eu fui para o mar – consegui um trabalho num navio sueco.

O modo como consegui aquele emprego foi muito estranho. Um certo dia eu estava indo para a estação a fim de pegar o trem para o trabalho e, mais uma vez, era quase como se eu estivesse fora do meu corpo e como se houvesse um deslocamento no tempo. Eu estava num navio, e o vento e o tempo estavam muito ruins. Normalmente fico aterrorizada com qualquer coisa desse tipo, não sou nenhum pouco corajosa. Seja como for, eu estava no convés desse navio e ele subia e descia, o vento uivava e eu gostava daquilo, eu adorava. Tive essa grande sensação de ser una com os elementos – sem ficar nem um pouco assustada (risos). Foi o sentimento mais estranho. E então, de repente, eu estava de volta ao meu corpo e caminhando para a estação. Subitamente ouvi uma voz em meu ouvido direito dizer: "Aprenda sueco." Foi tão alto que olhei para um jardim à minha direita para ver se havia alguém lá, mas não havia. E fiquei com esse "aprenda sueco" reverberando em meu ouvido o dia todo. "Aprenda sueco. Aprenda sueco. Você tem que aprender sueco", e aquilo me deixou tonta o dia todo. Eu então fiz algumas investigações e descobri que, na época, não ensinavam sueco na universidade e ninguém sabia sueco. Tentei tudo o que eu podia pensar. Nunca fui capaz de aprender, mas logo depois consegui um emprego num navio sueco.

A maneira como aquilo aconteceu também foi estranha. Eu continuava a ir ao escritório da Linha de Navegação Sueca e eles sempre repetiam: "Oh, vá embora, vá embora." Fui a seguir ao Consulado Sueco e disse: "Olhem, estou desesperada para conseguir um emprego." Responderam-me: "Bem, temos uma lista de espera desse tamanho". Mostraram uma lista enorme e me disseram: "Você nunca vai conseguir um emprego num navio sueco, portanto vá embora e esqueça. Ocasionalmente nós colocamos alguém aqui se uma garota sueca fica doente, mas você tem que ter muita, muita sorte." E assim eu fui embora para casa.

Eu caminhava pela rua em direção à estação e, mais uma vez, uma voz me disse ao meu ouvido: "Volte! Volte ao escritório do qual você acaba de vir." Então eu parei no meio da rua e pensei: "E agora, volto? Não posso, acabam de me dizer para ir embora e não voltar. Como posso voltar?" Naquele tempo nós usávamos chapéus, luvas e coisas assim, e eu então pensei: "Bem, a única coisa que posso fazer é voltar e perguntar se esqueci as minhas luvas." Eu tinha que mentir a fim de ter uma desculpa para voltar. E pensei: "Isto é loucura! Vou voltar para a estação." Andei uns poucos passos e então ouvi de novo a voz: "Volte! Volte!", e então eu voltei. Logo que passei pela porta o homem estava acabando de colocar o telefone no gancho e olhou para mim com olhos que mais pareciam dois pires e disse: "Senhorita Pollard, estou absolutamente estarrecido, o que está fazendo aqui?" Eu respondi: "Perdi minhas luvas. Será que eu as esqueci aqui?", enquanto olhava ao redor, fingindo que as estava procurando (risos). Ele disse: "O menino da cantina acaba de adoecer – você pode ir lá?" Falei que iria imediatamente. Eu então saí pela porta e, acredite-me, havia um táxi lá fora. Entrei no táxi, fomos até o cais e consegui o emprego. Foi assim que aconteceu. Eu tinha três dias para vender toda a minha mobília e ir para o mar. E eu consegui!

Todos diziam: "Você é doida! Você vai voltar! Você fica enjoada em qualquer coisa que se move." Mas, quando entrei naquele navio e senti o seu movimento, eu sabia que tinha estado lá antes e também sabia que aquilo era para acontecer. Tive seis anos maravilhosos e isso aconteceu só porque escutei aquela voz em meu ouvido. Se eu não a tivesse escutado teria perdido a oportunidade.

Amo a natureza, especialmente as árvores. Tenho uma grande afinidade com as árvores porque a minha maior experiência, e a mais maravilhosa, foi com as árvores. Sinto que cada planta, cada árvore, assim como todas as coisas têm uma consciência própria, e que nós somos unos com essa consciência; se apenas o soubéssemos! E, num certo sentido, podemos nos comunicar com elas. O que quero dizer é que nós temos autopercepção, a árvore não, mas somos unos.

A experiência com as árvores aconteceu quando eu tinha quarenta e poucos anos. Ela me deu muita força em vista do que eu já sabia devido à minha EPM e confirmou que sou muito mais do que essa pessoa física sentada aqui.

Naquela época eu estava bastante doente e sentia muita dor. Num certo momento comecei a me perguntar se durante todos aqueles anos eu não estivera só comigo mesma – talvez não existisse um Deus. Eu dizia em agonia: "Deus, você realmente está aí?" Naquele dia me forcei a sair da cama para lavar umas roupas. Nos fundos da casa onde eu vivia havia dois belos eucaliptos – troncos brancos, realmente enormes – e, com o passar dos anos, estabeleci um certo relacionamento com aquelas duas árvores. Eu sentia sua presença quando passava por elas e, naquele dia, olhei para uma delas e disse, de forma bem espontânea: "Eu te amo!" E aquela foi a primeira vez em minha vida que eu tinha dito "eu te amo" para alguém ou algo sem pensar em obter alguma coisa em retorno. Foi uma pura efusão de amor. Aquilo realmente me surpreendeu.

Naquele instante, quando olhei para a árvore, era como se eu tivesse uma visão de raio x – eu podia ver dentro da árvore – e podia ver todas aquelas células trabalhando alucinadamente. Quando olhei para elas eu me tornei uma célula, e estava lá, consciente. Eu não podia pensar ou raciocinar, mas sentia alegria por estar lá fazendo alguma coisa para ajudar o universo a movimentar-se. Eu estava auxiliando toda aquela seiva ou o que quer que fosse, para que passasse por mim em direção à outra célula, e depois à outra e assim, sucessivamente, até o topo da árvore. E havia um sentimento de alegre participação em algo que continuava sem parar. Foi um grande sentimento mas, subitamente, me vi de volta ao meu corpo.

Fiquei tão atordoada que comecei a colocar as roupas lavadas no varal. Então a mesma coisa aconteceu de novo –

eu subitamente tinha essa visão de raio x – eu podia ver através de todas as árvores, através de tudo, e podia ver que absolutamente tudo no universo estava interligado e era interdependente. Não havia nada separado, nem uma única coisa. Vi então que até mesmo o ar entre as coisas estava cheio de organismos e que todos eles estavam interligados, e que havia um propósito por trás disso. Todos eles estavam ativos. Eles entravam e saíam de mim, entravam e saíam das árvores. Eu podia ver que tudo estava absolutamente interconectado. E pensei: "Então é assim que funciona!"

Perdi completamente a consciência de mim mesma – não sei quanto tempo isso durou – eu podia ver através de todas as árvores, de todos os prédios e podia ver até o infinito. Logo depois me dei conta que estava em algum lugar do espaço e sabia que o poder que sustentava os planetas e tudo mais no espaço era o mesmo poder que estava em mim. Sei que parece uma bobagem dizer isso, mas eu não vi Deus – eu senti que eu *era* Deus! Eu subitamente senti que conhecia tudo, que eu era tudo (risos). Você percebe que as palavras não conseguem explicar o que quero dizer. Eu sabia que conhecia tudo, eu sabia que havia uma razão absoluta para se existir e sabia que todo o universo era uno – quase como se o universo fosse eu e eu fosse o universo.

Não sei quanto tempo aquilo durou, mas quando acabou eu voltei e era como se eu estivesse dormente. Eu não podia pensar, simplesmente continuei a colocar as roupas no varal e então entrei na lavanderia e deixei a cesta lá. Caminhei pela casa e fui até a cozinha. E à medida que saí da luz do sol tive uma sensação impressionante de ondas e ondas de êxtase me atravessando, vibrando por todo o meu corpo até as pontas dos meus dedos. Era pura bem-aventurança! Não pude suportar e então caí numa cadeira e permaneci lá sentada por muito tempo. E fiquei pensando: "Por que isso me aconteceu? Por que me mostraram isso?"

A experiência finalmente se desfez, mas foi a maior coisa que jamais me aconteceu e, desde então, tenho tido alguns vislumbres dela. Gostaria de dizer que ela realmente mudou a minha vida, que me tornei absolutamente perfeita, pura e santa, mas não foi assim. Eu continuei a fazer os mesmos velhos erros, as mesmas coisas de sempre, mas dentro de mim havia uma clara certeza, uma certeza absoluta de que não importava quem me ameaçasse ou o que acontecesse no mundo, eu sempre saberia que sou uma parte de Deus e que a morte não existe. Foi absolutamente maravilhoso.

O meu modo de vida hoje tem sentido – antes não tinha. Acho que eu costumava sentir que estava sendo levada pela corrente da vida e não sabia para onde estava indo e o que eu estava fazendo. Mas depois da experiência eu sabia que havia um profundo significado em todas as coisas. Tudo está conectado. Tudo possui significado e tudo é um passo ao longo do caminho.

# PATRICK

*Numa de minhas viagens de entrevistas ao norte, fui até um pequeno vilarejo próximo a uma calma e vasta lagoa ao sul de Brisbane. Havia uns pequenos barcos parados na areia e aves aquáticas nadando nas partes rasas. Localizei a casa de Patrick a duas ruas da lagoa – como era comum às casas daquela parte do país, ela havia sido construída bem acima do chão para aproveitar as brisas do mar. Situava-se em meio a um magnífico jardim de vegetação tropical, povoado por pássaros coloridos em toda parte, que pulavam de uma árvore para outra e cantavam tão alto que às vezes a única coisa que se podia ouvir na gravação da entrevista eram os seus cantos. Depois de uma bem-vinda bebida refrescante, Patrick e eu sentamos na ampla varanda para conversar. Sua esposa e meu marido sentaram-se próximos a nós e ficaram nos ouvindo.*

*Patrick é um homem grande – alto, com cabelo ruivo desbotado e pele clara, muito amável e obviamente desfrutando de sua aposentadoria. Ele tinha vinte e três anos na época da sua experiência próxima à morte e servia no exército britânico. Nós conversamos quarenta e oito anos depois.*

Sempre fui uma pessoa sensível e por isso a guerra, as atrocidades e a matança insensata realmente me incomodavam. Acho que isso, combinado com as duras condições de vida, causaram-me febre artrítica, sendo que tive, ao mesmo tempo, uma crise nervosa. E por isso quando cheguei em casa de licença eu não voltei mais ao trabalho. Levaram-me para o hospital às pressas – eu estava inconsciente. Eu sabia que estava sendo levado pelo corredor até o elevador e não conseguia mover nem um músculo, nem mesmo piscar um olho. Ouvi a enfermeira dizer: "Este tem febre reumática e não se espera que sobreviva a essa noite." Eu então pensei comigo mesmo: "Muito obrigado!" (risos), mas eu não estava com medo. Estava apenas decepcionado em pensar que lá estava eu, com apenas vinte e três anos, e logo morreria. Depois daquilo não lembro de mais nada. (Ao que parece, eles estavam trocando o meu pijama seis vezes a cada noite, e cheguei a ficar com 38 quilos.) Eu estava, obviamente, perto da morte, pois disseram aos meus pais para virem me ver. A primeira vez que soube disso foi quando acordei e vi que eles estavam ao pé da cama, chorando. Eu estava com uma barba de quinze dias e os confundi quando me virei.

Mas durante aquele período eu passei por um túnel. Era como se eu estivesse viajando muito rapidamente e havia um vago barulho de vento. Sei que é uma velha história banal, mas passei por esse túnel. Não era um túnel contínuo, reto, mas um tanto sinuoso. Depois vi uma luz no final e então vi uma parede. Imaginei que era uma parede de tijolos, mas não saberia lhe dizer exatamente como ela era. Mas as pessoas estavam atravessando a parede e indo para o outro lado. Elas eram semelhantes a contornos brancos sem forma, mas eu sabia que eram pessoas. Eu não tinha visto ninguém até chegar lá, mas quando parei elas pareciam passar por mim. Elas atravessavam a parede com enorme velocidade. Enquanto eu estava parado lá, uma voz me disse: "Bem, se você atravessar a parede você não volta. Se você atravessar como aquelas pessoas você vai ter que ficar lá, você não pode voltar. Decida-se – se atravessar, você fica."

Pude ver uma luz dourada e pude ver que havia uma cidade, envolvida pelo brilho dessa atmosfera dourada. Não poderia dizer que havia edifícios lá e contudo eu sabia que havia edifícios, se é que você me entende. Não havia sombra, não como aqui em que o sol lança uma sombra sobre as coisas. A luz estava por toda parte, envolvendo tudo, não havia uma única sombra. Era tão perfeito e eu sentia essa perfeita paz. Eu não conhecia ninguém lá. Estava completamente só a não ser por essa maravilhosa presença. A voz era suave e no entanto senti que ela poderia alcançar todo o universo. Não era nenhum grito, mas havia controle, se é que você me entende. Era algo oniabarcante – essa voz não parecia pertencer a ninguém em especial, mas acho que a luz era parte dela. E não havia tempo, o tempo tinha desaparecido. A eternidade estava lá, não havia nenhum conceito de tempo, nem pretérito nem futuro. Eu podia abarcar tudo, eu podia abarcar todo o universo. Essa compreensão era a parte mais impressionante.

Então a voz me disse: "Ainda não é a sua hora. Você realmente deve voltar, mas você pode decidir – a escolha é sua." Então pensei em meu pai e em minha mãe e falei: "Bem, tenho apenas vinte e três anos, tenho muito o que fazer, de modo que eu preferiria voltar." Ele disse: "A escolha é sua." E aquilo foi o fim da experiência.

Embora o meu primeiro pensamento fosse para o meu pai e a minha mãe, eu senti que tinha que voltar para fazer mais pelo meu próprio desenvolvimento – eu sabia que não havia completado aquilo pelo qual eu tinha sido enviado para cá. No entanto, quando me dei conta de que havia voltado, senti uma grande decepção. Mas depois fiquei contente por ter recebido uma segunda chance, e eu sabia que ficaria mais forte por ter tido a experiência. Daquela época em diante eu mudei toda a minha vida.

Antes (da EPM) eu nunca havia pensado muito sobre a morte, embora tivesse visto muitos parentes mortos. (Na Inglaterra, as pessoas eram veladas por alguns dias antes de serem enterradas.) Mas durante a guerra eu fiquei horrorizado com o que vi. Havia muitas mortes sem sentido – era um terrível desperdício de vida. Mas depois da experiência eu não tive mais nenhum medo da morte. Hoje eu ficaria contente em morrer – eu diria: "Bem, me leve para casa!" Sabe, é algo que não me preocupa! (risos).

Eu logo percebi, é claro, que seria visto como um excêntrico se tentasse falar sobre o assunto. Eu tentei e me arrisquei de tempos em tempos, mas minha história foi ridicularizada de muitas maneiras. Então pensei: "Até que eu encontre alguém que também tenha tido essa experiência, não posso falar sobre ela." Acho que quando você tem essas experiências você não se ajusta mais ao padrão de pensamento das pessoas. É como se você fosse, por assim dizer, libertado da mente ordinária. Mas se você encontra alguém que passou pela mesma situação, você adota imediatamente um enfoque de irmão, o que às vezes não existe em relacionamentos familiares. O meu irmão me é muito querido, mas nesse tipo de coisa estávamos completamente distantes. Não fui capaz de falar com a minha família sobre o assunto de modo algum.

Tentei encontrar algo sobre o assunto para ler. Logo após (a EPM) eu peguei a Bíblia (meu pai achou que eu estava louco) e descobri que, embora eu não pudesse acreditar em Jesus Cristo, eu acreditava num Criador.

Considero a EPM como uma experiência espiritual – e não religiosa, pois para mim a religião é criada pelo homem. Eu nunca fui muito religioso, embora tenha experimentado muitas religiões. Freqüentei com minha avó uma igreja do Exército da Salvação, freqüentei uma escola da Igreja Anglicana e me casei com uma católica. Tenho uma formação religiosa bastante diversa, mas não posso dizer que achei qualquer uma delas muito convincente. Hoje eu me considero espiritualista. Acredito que se pode contactar a experiência universal – o mundo é uma entidade completa, algo vivo, e somos parte dele. E acho que é importante não nos divorciarmos disso.

Eu sempre soube que existiam fenômenos psíquicos, porque minha mãe era de origem cigana – de terceira geração

– e era muito sensitiva. Eu sabia disso porque eu não era muito de escrever cartas, e quando ingressei no exército eu não escrevi para casa por uns seis meses. Foi uma atitude muito insensível da minha parte. E um certo dia, subitamente, ganhei uma licença e peguei uma carona para casa na traseira de um caminhão. Cheguei em casa tarde da noite, ao redor das dez horas, e a casa estava fechada e às escuras. Eu então atirei uma pedrinha na janela, e minha mãe colocou sua cabeça para fora e disse: "Oh, é você Patrick. O seu jantar está no forno." Eu pensei: "Bem, como é que você soube que eu viria?" Aquela foi a primeira vez.

Numa outra ocasião, eu estava em casa de licença e vi o nosso cachorro sentado fora do portão. Ele se sentou lá e não quis mais sair, não bebia e nem comia. E então minha mãe disse: "Aconteceu algo com o Eric" (meu irmão, que estava na África naquela época). Perguntei: "Como é que você sabe?" E ela respondeu: "Eu sei." Seja como for, o cachorro sentou-se lá por três dias e não comeu nem bebeu. Depois de três dias, ele resolveu entrar e movimentou-se normalmente, e ela disse: "Ou o Eric está morto ou melhorou." Três dias depois recebemos um telegrama do Cairo dizendo que ele tinha estado no hospital à beira da morte e que agora estava melhorando. Minha mãe já sabia daquilo.

Um outro caso, é claro, foi quando meu filho mais jovem nasceu. Ele estava muito doente no hospital, tinha sido operado e não se esperava que sobrevivesse. Ajoelhei-me na sala e rezei até o suor escorrer pela minha testa e então toda aquela preocupação desapareceu – levantei-me subitamente do chão e dancei pela sala. No dia seguinte recebemos uma ligação dizendo que ele ficaria bom e eu disse: "Eu sei disso." Naquela ocasião, estava a vinte quilômetros de distância.

Sei por experiência própria que essas coisas acontecem. Também percebo que tudo o que acontece é para melhor. Não fico preocupado com nada, até mesmo com coisas que parecem ir contra mim, porque sei que tudo faz parte do plano e é para o meu próprio bem. Lembro que uma vez, quando eu era um garotinho, bati na janela e disse: "Mãe, deixa eu ir brincar", e todo o meu mundo parecia estar desabando porque os meus amigos estavam lá fora e eu estava preso dentro de casa. Achei que minha mãe estava sendo muito cruel. Mas, de repente, caiu uma chuva muito forte e todos ficaram encharcados, e percebi que era para o meu próprio bem. Acho que tenho carregado comigo este exemplo através da minha vida, porque eu realmente sei que, o que quer que aconteça, é para o meu próprio bem. Tenho uma nítida sensação de estar sendo orientado e protegido.

Eu realmente cresci em autoconfiança e auto-estima depois da experiência. Numa certa época eu não conseguia entrar numa sala onde houvesse pessoas e costumava mudar de calçada para não ter que falar com alguém na rua. Mas hoje, se estou em uma fila, sou o primeiro a falar. Eu sempre costumava admirar o meu avô – ele ia e falava com qualquer um na fila do ônibus. Eu não ousava fazer isso, eu não tinha nenhuma autoconfiança. Mas depois (da EPM) eu sabia que havia alguém ou algo cuidando de mim e me orientando.

Eu agora tenho um sentido de propósito na vida, mas não sou nem um pouco motivado pela riqueza material. Na verdade, desde aquela época eu sempre achei que muita riqueza me destruiria, e portanto nunca joguei em loterias e coisas assim. Tenho uma sensação de premonição de que se ganhasse um grande prêmio, isso me destruiria. Acho que somos supridos em nossas necessidades mas não em nossos desejos – é algo diferente. Outro dia alguém me disse que me considera uma pessoa pobre. Perguntei então: "Bem, o que é ser rico e o que é ser pobre?" Uma pessoa com muito dinheiro e muitos bens – um Mercedes e um barco – ela pode ser materialmente feliz mas pode ser muito pobre de espírito.

Estou muito mais interessado no lado espiritual da vida. Eu realmente gosto da natureza. Ela é bela! É maravilhosa! Mesmo o menor dos insetos, as cores que ele possui, a maneira como se move – é incrível! Sempre gostei de caminhar nos bosques e ver as maravilhas da criação. Não há dúvida de que o Criador é um matemático e um artista. O mundo natural é muito importante para mim.

Obviamente, a mudança mais significativa para mim (desde a EPM) é que não há mais nenhum medo associado à morte. Para mim isto é claro. Poderia-se dizer que eu nasci de novo. A morte não tem mais poder sobre mim. E (risos) acho que minha esposa confirmará que com o passar dos anos eu me tornei mais sereno. Às vezes eu costumo explodir, mas "tenho a cor errada de cabelo" para ser sereno o tempo todo (risos).

# OLIVIA

*A primeira vez que ouvi falar de Olivia foi através de uma de suas amigas que assistiu a uma palestra minha em uma reunião do Instituto Australiano de Pesquisa Parapsicológica. Logo depois que fizemos contato eu fui à sua casa, localizada numa avenida barulhenta em um afastado subúrbio ocidental de Sydney. Entretanto, ao se entrar pela porta da frente, havia uma atmosfera perceptível de paz.*

*Olivia é calma, fala suavemente e é bastante sensível, contudo se tem a impressão de que ela é extremamente sagaz e capaz de lidar com qualquer coisa que possa surgir. Possui uma compleição leve, cabelos escuros, ondulados e presos atrás. Ela tem um sorriso gentil e uma aura calorosa de amor ao seu redor.*

*Olivia teve três experiências próximas à morte: a primeira, aos vinte e cinco anos, durante o nascimento do seu primeiro filho; a segunda, aos quarenta e dois anos, durante uma histerectomia; e a terceira, aos quarenta e nove anos, durante uma prolongada doença. Conversamos um ano depois da terceira experiência, quando ela tinha cinqüenta anos. Na época da sua primeira experiência, ela descreveu a si mesma como dona de casa, mas por ocasião das outras duas, estava trabalhando como hipnoterapeuta e sensitiva.*

A primeira aconteceu logo após o nascimento do meu primeiro filho, quando tive, por três vezes, uma hemorragia muito séria. Meu marido foi chamado de volta ao hospital pela terceira vez. Eu estava consciente de que me encontrava deitada na mesa, e que os médicos e enfermeiras estavam trabalhando em mim. Tive uma sensação de flutuação e pude ver a minha própria mão estendida sobre a mesa. Eu tinha tubos em minha mão esquerda, e o médico estava tentando introduzir uma agulha na minha mão direita – que se movia todo o tempo. Eu podia ver – eu estava bem sobre o meu corpo. E aquilo não me preocupou muito. Pensei então: "Aquela é a minha mão, posso fazer com que ela fique parada." Isso aconteceu duas ou três vezes, mas não consegui parar o seu movimento, e só então me dei conta que estava completamente fora do corpo.

E então ouvi a irmã dizer: "Ela está morrendo doutor", e daquele ponto em diante eu me fui. Fui para algo que parecia ser um túnel e me movimentava muito rapidamente. Havia um rugido como de um vento forte, mas eu não sentia medo. Eu estava um pouco incerta mas não estava com medo. Havia luz no fim do túnel e ela brilhava. Era aconchegante e calorosa, e eu queria chegar lá. Estava mais preocupada em chegar lá do que em permanecer onde eu me encontrava. Quando estava quase alcançando a luz, eu parei. Olhei para trás e era como se eu estivesse muito, muito acima do hospital. Era como se alguém tivesse retirado o telhado de uma casa de bonecas – eu podia ver todos os pequenos quartos. Podia ver meu marido numa ante-sala próxima à sala de cirurgia, com as mãos na cabeça, e podia ver meu bebê num berço com vários fios e coisas ligadas a ela – ela também não estava bem. Pude ver a mim mesma deitada na mesa e as pessoas à minha volta.

Então ouvi uma voz dizendo claramente: "O que você quer fazer?" Disseram-me para escolher, mas eu sabia que tinha que voltar. Eu sabia que a pergunta só havia sido feita porque eu tinha que voltar, pois precisavam de mim. Falei então: "Tenho que voltar." E a voz disse: "Sim." E desci e voltei para o meu corpo novamente. A descida foi mais rápida do que a subida. Parecia que eu estava voltando muito, muito rapidamente – era como ser puxada através de um vácuo – e a primeira coisa que lembro foi uma irmã dizendo: "Eu sinto o pulso."

Depois que voltei a mim eu estava bem consciente de que desse lado era difícil, e de que o outro lado era muito bonito. Foi uma experiência muito, muito espiritual, uma experiência muito calorosa e muito forte.

A segunda aconteceu depois de uma operação de histerectomia. Eu estava há seis horas e meia em cirurgia e mais uma vez houve complicações, e mais uma vez tive hemorragia. Foi basicamente a mesma coisa, exceto que naquela época em especial eu estava atravessando um período muito difícil e não queria mesmo voltar. Passei pelo túnel de novo e lá estava a luz brilhante no fim do túnel. Ela era muito calorosa e parecia muito suave. Não sei porque senti a suavidade, mas parecia haver muito mais suavidade lá. Mas daquela vez não me fizeram a pergunta. O que eu ouvi naquela ocasião foi uma ordem de que eu tinha que voltar, que não era a minha hora. Foi preciso ser colocado dessa forma porque eu estava decididamente querendo permanecer lá – e não podia, eu tinha que voltar, e voltei muito rapidamente para o meu corpo.

Foi estranho voltar para o corpo. Sei como é quando estou em transe, mas aquilo era diferente. No transe há um sentimento de algo entrando enquanto você sai, algo como a embreagem e o acelerador em um carro. É importante se ter esse equilíbrio, porque então é bem confortável. Mas aquilo era completamente diferente, pois estava além do meu controle e era muito rápido. Na primeira vez houve um pouco de choque, mas na segunda eu aceitei porque parecia algo familiar.

Quando voltei eu pensei: "Oh, estou aqui de novo." Foi uma grande decepção porque lá em cima era tão confortável e aquecido, e eu sabia que teria problemas para enfrentar quando voltasse. Num nível pessoal, foi o começo do rompimento do meu primeiro casamento. E assim, mais uma vez, foi uma experiência muito emocional. Mas naquela segunda vez me foi dito muito claramente que não era a minha hora, e que não me deixariam ficar lá. Eu tinha que voltar. Eu sabia que não havia a possibilidade de discutir ou de barganhar (risos). Eu estava muito feliz de estar fora do mundo físico naquela época – era um período muito difícil em minha vida e acho que teria sido uma forma adorável de fuga se eu tivesse sido capaz de morrer. Mas eu voltei, e o sentimento que tive quando voltei foi de uma grande decepção.

A terceira foi um pouco diferente. Aconteceu no ano passado – contraí um vírus muito ruim e aquilo continuou por muitos meses. Normalmente eu não tomo antibióticos, e mesmo os tendo tomado naquela época, fiquei cada vez pior. A doença evoluiu para uma forma de meningite. Estive inativa por sete ou oito meses e fiquei tremendamente magra. Percebi então que algo devia estar completamente errado.

Naquela noite em especial eu tinha uma reunião de um grupo de meditação. Eu pensei em cancelá-la porque estava me sentindo extremamente doente, mas não o fiz. Várias pessoas comentaram que eu não parecia estar bem. Era um grupo de pessoas que estavam desenvolvendo suas habilidades psíquicas. Sou uma médium de transe, mas naquela época eu estava evitando entrar em transe profundo porque estava ajudando os demais. Havia um grupo de talvez dez ou doze pessoas na sala e assim que começamos a meditação eu me dei conta de que estava entrando em meditação muito profundamente. Era aquele mesmo sentimento de ser puxada através de algo, e pensei: "Não posso fazer isso no grupo", mas não fez nenhuma diferença, eu prosseguia da mesma forma. Era a mesma sensação de ser puxada através de um túnel, e lá em cima havia uma luz brilhante. Dessa vez eu atravessei a luz. (Eu lembro que um pouco antes de passar por aquele túnel ou pela luz eu pensei: "Não estou respirando", mas depois eu prossegui e não tinha nenhum controle sobre o que acontecia.)

Dessa vez eu estava cercada pela luz e – sei que isso parece poético, mas foi exatamente o que eu vi – havia um círculo de mãos saindo da luz. Eu estava no meio delas e todas elas estavam estendidas em minha direção. Eram mãos individuais, e as palmas estavam voltadas para cima, de modo muito suave, e todas elas brilhavam. Foi certamente o sentimento mais incrível que já tive. Até hoje não consigo falar sobre isso sem me emocionar, porque havia muito amor lá. Era puro amor e pura luz. Esta é a única forma em que consigo descrever o que aconteceu.

Eu estava no meio, e as mãos estavam todas estendidas em minha direção. Nada foi dito e contudo havia uma comunicação em minha mente. Não ouvi as palavras ditas por uma voz como na vez anterior, mas as palavras estavam em minha mente. Perguntei se eu estava morrendo e me responderam: "Não, ainda não é a hora." Disseram-me que aquele seria um momento decisivo e que dali em diante eu me recuperaria. Perguntei se eu podia permanecer naquele lugar tão belo, mas a resposta foi que não era a hora, que eu tinha que voltar. Então eu voltei. Acho que recebi muita energia curativa naquela noite, pois logo após aquela experiência eu comecei a melhorar.

Até então parecia que a fronteira entre a vida e a morte estava lá em cima do túnel, onde estava a luz. Durante as duas primeiras experiências eu tinha certeza de que se tivesse entrado na luz eu não voltaria. E no entanto, na terceira vez, eu estive cercada pela luz e ainda assim voltei. Não consigo explicar isso.

Quando recobrei os sentidos uma pessoa do grupo, que era mais experiente do que as outras, disse ter pensado que eu havia morrido. Ele falou: "Você parou de respirar. O seu rosto ficou pálido e sem expressão por muito tempo. Eu pensei que você tinha morrido." Ele não tocou em mim, mas ficou muito preocupado. Portanto essa foi para mim uma nítida experiência de estar próxima da morte, mesmo que ela não tenha sido clinicamente documentada como as outras. Eu não estava num hospital, mas passei por isso duas vezes e soube reconhecer muito bem o que estava acontecendo.

Após a primeira experiência eu falei sobre ela com meu marido. Acho que ele ficou tão aliviado pelo fato de o bebê e eu estarmos vivas que não se deu conta de nada a nível psíquico. Também tentei falar sobre o assunto com a irmã que estava comigo na sala de cirurgia. Ela disse que aquilo era algo que muitas pessoas tinham experimentado. Ela não conseguia explicá-lo, mas falou que não tinha dúvida de que aquilo havia ocorrido, porque muitas pessoas tinham falado com ela a respeito. Também falei sobre o assunto quando estava para me formar em Psicologia, mas era completamente inaceitável mencionar fenômenos psíquicos dentro da psicologia acadêmica no final dos anos setenta. O assunto foi varrido para baixo do tapete – eles realmente não queriam tomar conhecimento daquilo, pois lhes causava um grande desconforto. É por isso que acabei parando de estudar. Era como se eu tivesse que escolher entre um e outro.

A minha vida mudou dramaticamente de direção depois da segunda experiência. Levou cinco anos, mas foi uma transição muito dramática. Mudei de país, rompi um casamento de vinte e oito anos e abandonei todas as posses materiais que eu tinha naquela época. Você não passa por uma experiência próxima à morte sem colocar as coisas em perspectiva. Ela realmente alterou a minha vida. Passei por coisas muito impressionantes e acho que, desde a primeira experiência, sempre senti que há uma razão para eu estar nesta vida, mas não estou muito segura do que ela seja.

Acho que sempre acreditei na vida após a morte, embora tivesse medo disso. Na época da minha primeira experiência eu já tinha ouvido falar sobre reencarnação, mas não possuía a convicção firme nem a compreensão que tenho hoje sobre o assunto. Naquele tempo eu estava muito ocupada em cuidar da casa e em dar atenção a todas as coisas materiais da vida. Hoje, no entanto, eu não tenho nenhum medo da morte – não é que eu decididamente queira morrer; é que simplesmente não tenho medo algum da morte. Eu certamente nunca tiraria a minha própria vida – o suicídio sempre foi para mim algo completamente inaceitável. A menos que alguém esteja morrendo de uma doença muito dolorosa (em cujo caso acho que a pessoa tem todo o direito de decidir se quer acabar com aquilo rapidamente), não acho que o suicídio seja uma boa idéia.

Antes de minhas EPMs eu nunca estive nem um pouco interessada na morte, mas hoje eu lido muito com pessoas que estão superando o pesar. Descobri que compartilhando as minhas experiências com elas posso fazer com que se sintam muito melhor, e portanto utilizo as experiências dessa forma.

Considero (a EPM) uma experiência espiritual, mas não uma experiência religiosa. Fui educada na fé judaica até meu pai morrer, quando eu tinha sete anos. Depois disso fui educada na fé de minha mãe, que era presbiteriana. De modo que tive uma formação religiosa muito sólida, da qual me afastei quando tinha quatorze ou quinze anos. Eu tinha decidido deixar tudo de lado e me tornar atéia. Não demorou muito até eu começar a me chamar de agnóstica. Depois fui descobrindo gradualmente que tinha, de fato, uma crença *espiritual* muito forte – não uma crença religiosa – é algo muito diferente.

Eu ainda hoje não me identifico com nenhuma religião. Acho que nós todos temos um âmago de espiritualidade dentro de nós e realmente não importa como você o chama. Desde a infância eu não aderi mais a nenhuma seita religiosa, igreja ou crença específicas. Sempre tive essa noção da religião como sendo algo interior e não exterior, e é por isso que não vou à igreja. Acho que sempre rezei, mas agora também medito.

Sempre acreditei em experiências psíquicas porque, quando tinha quatorze ou quinze anos, tive algumas que foram muito convincentes. Essas experiências aumentaram dramaticamente com o passar dos anos, e agora eu experimento uma grande variedade delas. Sou clarividente e sempre tive vislumbres de premonição desde criança. Isto aumentou enormemente através dos anos. Também tive muitos resgates sobrenaturais, graças a Deus! (risos). Essas coisas aumentaram muito nos últimos quinze anos, aumentaram mesmo, e sobretudo nos últimos cinco anos; é realmente incrível. Elas aumentaram bastante depois da segunda EPM. Eu não recebo ajuda o tempo todo, mas às vezes a ajuda que aparece assemelha-se a grandes milagres. Fico quase assustada de falar sobre isso com medo que ela desapareça, mas é algo incrível. Por exemplo, se fixei minha mente em alguma coisa e estou realmente certa de que é isto que eu preciso (e saliento: o que eu preciso, e não o que eu quero), mesmo que pareça uma completa impossibilidade, se eu estender as mãos e pedir, posso sentir as engrenagens se movimentando e, numa questão de tempo, aquilo vem até mim. Pode levar um ano ou dezoito meses – pode levar até dois anos – mas nunca mais do que isso. É incrível. Acho que provavelmente esta capacidade está dentro de todos nós – leva apenas metade da sua vida para aprender como usá-la!

Sinto que há uma fonte interna de sabedoria – ela existe em todas as pessoas, não é especificamente minha. É apenas uma questão de contactá-la, aceitá-la e ter fé nela. É claro que para todos nós pode haver uma época, uma crise pessoal, quando essa fonte não parece existir, e é então que você sabe que tem que encontrar uma solução por si mesmo. Às vezes você é muito ajudado, recebe muito apoio e conforto, mas a resposta não lhe é dada porque ela é algo que você tem que descobrir por você mesmo, mas você sabe que aquela paz interior, aquele âmago interno ainda estão lá.

Tenho uma sensação muito clara de estar sendo orientada – sobretudo nos últimos dez anos. Quando rompi meu primeiro casamento, tive essa sensação muito forte de estar sendo orientada e de que estava fazendo o que tinha que fazer. Eu era como uma criança sendo conduzida ao longo de um caminho – essa era a sensação que eu tinha e que tenho desde então. É claro que, espiritualmente, nós *somos* crianças. Essa é a sensação que tenho – não importa quão sábios pensemos ser, somos ainda crianças e ainda estamos sendo conduzidos, muito bondosamente, ao longo de um caminho que irá levar-nos à luz.

Sempre me foi transmitida muita informação através dos meus sonhos, e isso aumentou muito nos últimos cinco anos. Isso sempre existiu, mas em épocas anteriores da minha vida só acontecia em situações esquisitas. Tive muitos sonhos premonitórios que, às vezes, de uma forma dramática, se tornavam realidade. Mas, nos últimos cinco anos, tenho estado tão ocupada trabalhando com muitas pessoas diferentes que acho que à noite, na forma de sonho, é quando realmente obtenho as respostas. Cheguei a esse estágio em que, se realmente tenho perguntas sobre alguma coisa, vou para a cama, formulo a pergunta, peço que a resposta venha durante a noite e então vou dormir. E ela entrará num sonho que estou tendo, e será simbólica ou realista, mas a resposta que pedi estará lá. E eu acordo e sei que aquela é a resposta. As respostas são sempre verdades diretas – nem sempre são o que queremos ouvir, mas estão sempre certas.

Também fiz um pouco de viagem astral. Alguns anos atrás, nós vendemos uma casa na Nova Zelândia que eu amava muito, e quando viemos para cá eu entrava em meditação e em transe e então me encontrava mais uma vez de volta àquela casa. Era capaz de dizer à minha família que os novos proprietários tinham cortado certas árvores e pintado a casa de uma cor que achei horrível, tinham colocado um passeio de concreto e feito outras alterações. Fiquei realmente irritada por eles terem cortado aquelas árvores, mas na época meu marido me ridicularizou e disse: "É impossível que você saiba disso." Dois anos depois eu fui lá e as pessoas *tinham* pintado a casa, as árvores *tinham* sido cortadas e o passeio *tinha* sido colocado, e portanto eu tinha visto a casa como ela estava.

No começo era involuntário. A primeira vez que me vi caminhando pela longa estrada cheia de curvas eu pensei: "O que estou fazendo aqui? Será que estou mesmo aqui?" Chutei o cascalho da estrada e ele parecia tão real, mas depois compreendi o que havia acontecido. Depois daquilo eu tentei ver se poderia chegar lá novamente. Também tentei mais recentemente com minha filha que mora em Cairns. Consegui parcialmente, mas nunca fui capaz de fazê-lo tão bem como fiz com aquela casa. É que era um lugar tão ditoso e eu tinha um forte sentimento por aquela casa.

Tenho tido muito contato com espíritos e guias – tanto com os de outras pessoas como com os meus próprios. Antes da primeira EPM eu não tinha essa habilidade. Acho que sempre estive ciente de que havia alguma coisa ao meu redor, mas eu não sabia se eu a temia ou respeitava. Mas agora tenho fontes com as quais trabalho de forma muito prolongada e tenho muita fé nelas.

Vejo auras mas não possuo poderes de cura – sinto que não sou uma curadora, não num sentido físico, embora ache que ajudo as pessoas psicológica e espiritualmente. E esse é o meu propósito. Embora pareça estranho, quando estou trabalhando com alguém, se passo minha mão ao longo do corpo da pessoa, quando ela está num estado de relaxamento, posso sentir os pontos doloridos. Eu digo a ela depois: "Você está com dor de estômago ou dor nas costas?" (ou o que quer que seja) e a resposta é sempre sim. Mas realmente não sei como prosseguir a partir desse ponto.

Não fiz nada disso antes da primeira experiência. A clarividência surgiu de forma muito forte depois daquilo, depois que minha filha nasceu. Eu cresci lendo as palmas das mãos porque minha avó me ensinou, mas não acho que eu era capaz de fazer qualquer outra coisa na época, a não ser olhar para as mãos das pessoas. Foi após a primeira experiência, quando minha filha tinha cerca de um ano de idade, que recebi uma ou duas instruções muito fortes. Disseram-me que eu devia me desenvolver mais, que eu devia procurar respostas. Eu continuava a pensar que era tudo minha imaginação, e então pedi uma prova de que não era apenas minha imaginação. A prova veio muito claramente e de uma maneira bastante simples.

Depois disso eu fiquei muito interessada em meditação e comecei a desenvolver e explorar essa área. Logo me deixaram claro que havia muitos níveis de meditação, e descobri que eu podia penetrar cada vez mais profundamente, e a partir disso se desenvolveu o trabalho de transe. Mas o falar durante o transe e sua total aceitação só surgiram após a segunda experiência de quase morte. Também faço psicografia. Muita coisa me é transmitida dessa forma e a acho muito menos exaustiva do que o trabalho de transe. Eu honestamente prefiro a psicografia – considero-a muito boa – mas num grupo, as pessoas normalmente ficam mais impressionadas por algo que seja invisível. Hoje em dia eu não faço muito isso porque é cansativo, mas se as pessoas derem mais crédito a esse método, eu o uso. Tudo o que surge, quer seja numa escrita ou numa fala, faz tremendo sentido.

Uma noite, há alguns anos atrás, me foi dada, de forma dramática, uma visão premonitória. Esse tipo de coisa já havia acontecido várias vezes, mas essa foi a mais dramática. Eu estava numa reunião de círculo e, durante toda a tarde, cada vez que eu tentava entrar em meditação, a única coisa que eu via era um avião mergulhando através de um fundo branco, que era neve. E bem no fim da tarde, eu penetrei muito profundamente e era tudo branco. Por um momento eu vi a cauda de um avião com o símbolo da Companhia Aérea da Nova Zelândia. E então vi filas e filas de pessoas, cada uma com uma caixa preta na cabeça – havia centenas de pessoas mortas. Aquela visão era tremendamente desagradável, e então decidi parar, pois achei que estava deprimindo todos os demais naquele círculo – por um momento vi os destroços do avião, o metal retorcido e essas coisas. E surgiu uma mão, que se elevou acima do rosto de um homem. Ele usava um anel com uma pedra escura, semelhante a um anel da paz, e, depois de elevar a sua mão, ela novamente caiu e havia sangue escorrendo pelos dedos. Isso foi muito desagradável, foi um pouco demais para mim naquela época, eu realmente estava muito descontente com aquilo, e então parei. Na verdade eu desfiz o círculo porque, durante todo o tempo, cada vez que eu fechava os meus olhos aquilo tudo voltava rapidamente para mim. A mulher que estava coordenando o círculo tinha certeza de que eu estava captando algo que iria acontecer. Ela chegou a ligar para a Companhia Aérea da Nova Zelândia para lhes contar, e eles ridicularizaram completamente o seu relato. De manhã o meu marido me ligou e disse: "Acabei de ouvir as notícias", e os detalhes casavam exatamente. Desde então ouve muitas outras experiências, mas elas não são agradáveis porque não há nada que você possa fazer.

Houve uma outra ocasião após a segunda EPM. Na época eu me perguntei porque tive que experimentar aquilo, pois foi muito pesado e muito desagradável. Eu estava com um braço quebrado e engessado e dirigia por essa estrada do interior. Foi na manhã em que um avião praticamente novo caiu e matou o piloto. Eu continuava a sentir um cheiro de queimado e aquilo estava me preocupando muito. Eu não podia encostar o carro porque a estrada era muito estreita. O cheiro era de borracha queimada. A fumaça continuava a vir para mim, mas eu não podia vê-la. Percebi então que era uma fumaça psíquica. Eu esperava e rezava que aquilo que estivesse queimando fosse também psíquico, porque eu não conseguia parar nem fazer nada, e sentia que estava desmaiando. Seja como for, consegui reter suficiente consciência para dirigir o carro. (Eu estava obviamente captando aquele piloto, pois foi naquela exata hora que ele começou a cair.) O barulho do motor ficou cada vez mais alto até se transformar num grito do avião em queda, e a fumaça me envolvia por todos os lados. Eu ainda podia ver a estrada e ainda estava dirigindo o carro, mas tive a sensação horrível, pavorosa de que iria morrer. Senti que estava me dirigindo para o chão e não havia nada que eu pudesse fazer. A tensão crescia cada vez mais e o grito ficava cada vez mais alto e então houve um choque poderosíssimo. Aquilo me deixou absolutamente abalada – eu estava coberta de suor, meu coração tinha disparado, mas eu ainda estava conseguindo manter o carro na estrada.

Quando cheguei em casa minha filha mais velha estava lá. Entrei e estava tremendo, estava mesmo. Ela me perguntou: "Você está bem mãe?" E eu respondi que não. Ela estava passando por uma fase (que não durou muito) em que pensava que o que eu fazia era demasiado tolo para sequer ser comentado, mas ela me fez uma xícara de café e gradualmente eu me recuperei e lhe contei o que tinha acontecido. Depois meu marido ligou e lhe contei a respeito. Também liguei para uma amiga sensitiva e lhe contei o que havia ocorrido. Ela me ligou mais tarde naquela manhã e disse: "O que você experimentou esta manhã realmente aconteceu." Ela tinha ouvido no noticiário. Portanto eu realmente captei aquilo enquanto estava acontecendo. Não consigo ver que bem isso poderia trazer, a não ser me fazer passar por essa terrível experiência, mas essas coisas acontecem.

Toda a minha atitude para comigo mesma mudou enormemente desde as experiências próximas à morte. Minha auto-estima e sentido de valor próprio cresceram muito. Acho que ainda sou bastante reservada, mas agora eu vou até as pessoas e falo com elas. Sempre tive lares adoráveis e eles foram muito importantes para mim. As coisas materiais da vida eram muito importantes para mim até a primeira experiência. Depois da segunda, cinco anos mais tarde, eu literalmente me afastei de tudo e deixei tudo para trás. Seja como for, o engraçado é que a maioria das coisas voltou para mim mais tarde, mas não tinha importância. Aquilo foi um puxão violento no nível físico, mas uma outra parte de mim sabia que aquilo não era importante. Até mesmo coisas que me haviam sido dadas, que tinham um valor sentimental, não eram importantes. Outras coisas eram muito mais importantes.

Hoje, sem dúvida alguma, a minha prioridade mais elevada na vida é a espiritualidade, muito acima de qualquer outra coisa. Meus filhos agora estão crescidos, e portanto o caminho está livre para eu me concentrar naquilo que estou fazendo. Meu segundo marido é muito receptivo, e isso é uma enorme ajuda. Eu agora tenho uma noção do tamanho e da extensão do ser espiritual em todos nós, enquanto que antes minha vida era muito egocêntrica. Hoje eu vivo para o trabalho que estou fazendo.

# ANTHEA

Na época em que comecei o meu projeto eu já conhecia Anthea há cerca de cinco anos. Já que eu sabia do seu trabalho como hipnoterapeuta e curadora psíquica, pensei que ela pudesse ter encontrado pessoas que haviam tido experiências próximas à morte, e por isso ela foi uma das primeiras pessoas para quem telefonei. Ela riu quando lhe perguntei e falou: "Oh, Cherie, eu tive uma dessas experiências! Você pode me entrevistar se quiser." Nenhuma de nós sabia até então que a outra tivera uma EPM. Achamos graça de pensar que tínhamos mantido aquela parte de nossas vidas em segredo. Quando falamos na semana seguinte, eu fiquei espantada de ouvir a sua história.

Anthea é uma mulher pequena, com olhos expressivos e um rosto alegre. Tem cabelos curtos, escuros e ondulados, e pele clara, com bochechas rosadas. Ela tinha trinta e dois anos na época de sua EPM e trabalhava como bibliotecária em uma escola. Nós conversamos onze anos depois.

Eu estava no hospital na época e fazia um dia que eu sofrera uma histerectomia. Havia contraído uma infecção e estava muito doente.

Eu sabia que estava dormindo e então, subitamente, me vi percorrendo um túnel. No final do túnel encontrei três anjos e sabia que eram anjos porque eles tinham asas e estavam vestidos de branco e – isso pode parecer ridículo – um deles tinha vinte e um metros de altura, e eu sabia que tinha porque ele assim me disse. Durante todo o tempo em que eu estava viajando eu sentia como se o meu corpo físico não estivesse comigo, e estava consciente da pequenez do meu ser. Eu me senti muito humilde, muito pequena, muito insignificante e, no entanto, me senti ao mesmo tempo muito amada. Estava consciente de mim mesma como sendo um minúsculo alfinete, especialmente quando olhei para cima e vi aquele enorme anjo na minha frente. Os outros dois eram do tamanho de um ser humano médio. O que tinha vinte e um metros de altura era o anjo principal, e ele falou comigo. Sua voz era muito clara e muito calorosa, com um tom muito amável. E ele disse: "Você está conosco no outro lado. Você agora tem uma escolha – você pode vir conosco e nós a levaremos adiante ou pode voltar para onde você estava. É com você."

Eu realmente me senti muito amada e muito querida. Eu senti como se realmente quisesse estar lá – não era assustador, era apenas algo muito amoroso. Eu realmente queria ir com eles, porque eu sentia algo tão pacífico, tão afetuoso e tão bom, mas eu disse: "Eu realmente adoraria ir, mas não posso porque tenho trabalho para fazer." Também lembro de dizer a eles que eu tinha dois filhos e que eu queria voltar para cuidar deles e para também trabalhar.

Então me disseram: "Está certo, vamos lhe mandar de volta, e você saberá que isto não é um sonho, porque quando você acordar, a primeira coisa que verá será a forma de uma cruz na sua porta. No momento em que ver a cruz você saberá que o que aconteceu foi uma experiência real." Eu me lembrei daquilo, e quando acordei vi na porta uma pequenina cruz formada pela luz do sol brilhando através da janela. (A janela tinha ripas de madeira em estilo colonial, e a cruz tinha sido feita pela luz do sol brilhando através delas.) No momento em que vi aquilo eu disse: "Oh, meu Deus!" Percebi que havia vivenciado uma experiência real. Depois daquilo, milagrosamente, a infecção cedeu e eu melhorei.

Não vi meu corpo na cama durante aquela experiência, mas numa experiência anterior eu o vi. Naquela ocasião eu também tinha sofrido uma operação e estava sendo levada da sala de cirurgia de volta para o quarto. Tive a sensação de estar flutuando um pouco abaixo do teto do quarto e, quando olhei para baixo, podia ver o meu corpo na maca. Vi um homem calvo empurrando a maca e uma enfermeira na outra extremidade, e assisti quando me levantaram e me colocaram na cama. A enfermeira deixou o quarto e depois voltou carregando uma bandeja pós-operatória, coberta com um pano branco. Ela a colocou na mesa de cabeceira, e quando o homem deixou o quarto, ela retirou o pano que cobria a bandeja, e eu pude ver tesouras, algodão, bandagens e outras coisas. Depois a cobriu novamente e saiu do quarto. A próxima coisa de que tive consciência é de estar acordando, e a primeira coisa que fiz foi olhar para a mesa de cabeceira para ver se a bandeja estava lá, e ela não estava. A mesma enfermeira que a tinha colocado lá entrou no quarto, e eu lhe perguntei: "Onde está a bandeja que estava ao lado da cama?" Ela perguntou também: "Como você soube que havia uma bandeja lá? Você estava inconsciente." Então eu respondi: "Oh, eu vi vocês me trazendo para cá – você e um homem calvo." Ela foi e contou ao médico, e depois entrou no quarto, e me perguntou: "Você andou vendo coisas?", e eu respondi: "Bem, sei que havia uma bandeja ali." E ela confirmou: "Sim, havia." Eu descrevi tudo o que estava na bandeja e ela disse: "Oh, Deus!"

Algo do qual eu estava realmente consciente durante aquela experiência eram as cores – tudo era tão brilhante. E eu estava claramente olhando para baixo. Não havia nenhuma maneira em que eu pudesse saber que aquele homem era calvo no topo da cabeça, a não ser que eu o estivesse olhando de cima.

Eu realmente queria voltar (depois da EPM), porque senti que tinha estado evitando a questão do que deveria fazer com a minha vida. Senti que não estava conquistando o direito de ir para aquele lugar. Lembro de dizer aos anjos e de estar desesperada para que me entendessem: "Eu quero trabalhar, eu realmente quero trabalhar." Naquela época eu não sabia o que eu iria fazer. Achei que iria trabalhar como professora.

Quando recobrei novamente a consciência em meu corpo me senti bem; era como seu eu tivesse sido revitalizada. E acho que aquilo era evidente já que dali em diante eu comecei a melhorar, enquanto que até aquele momento eu tinha estado desesperadamente doente. O meu corpo começou a melhorar e me senti reenergizada e pronta para esse próximo grande compromisso que eu tinha acabado de assumir.

Sinto que não morri porque precisavam de mim no trabalho que agora estou fazendo. E também para estar com meus filhos. Minha filha era muito jovem, tinha em torno de onze anos, e meu filho uns quatorze anos, e senti que eu realmente precisava ser mãe deles naquela época.

Passadas algumas semanas, contei à minha família acerca da experiência, e eles acharam que eu estava um pouco estranha. Acharam que eu provavelmente estava sofrendo de delírios ou algo parecido. Senti que eles não tinham compreendido o que havia acontecido e, de qualquer forma, era muito difícil explicá-lo. Falei posteriormente sobre o assunto com um amigo meu que é médico. Ele acha esse tipo de assunto fascinante. Não que ele compreenda – ele me procura quando necessita de explicações sobre assuntos espirituais – e ele não foi capaz de lançar nenhuma luz sobre o assunto, mas foi bom ter podido falar com ele e não ter sido julgada uma pessoa estranha.

Eu nunca havia lido nada sobre o assunto antes daquela experiência. Naquela época eu não tinha, em absoluto, nenhum interesse em assuntos espirituais ou psíquicos. Eu não sabia o significado da palavra "psíquico".

Sempre acreditei que a vida continua após a morte, mas não compreendia como. Aquilo, para mim, era como uma escola fechada. Mas eu agora acredito que aprendemos muito após a morte. Creio que a morte é apenas uma experiência de vida diferente. E acho que temos responsabilidades e muito mais crescimento para alcançar após a morte.

Mesmo antes da minha EPM eu estava completamente convencida de que havia vida após a morte. Tinha certeza disso devido à experiência que tive quando minha outra filha morreu, com dez dias. Ela estava no hospital, e eu morava cerca de vinte e cinco quilômetros de distância. Havia sido operada e estava progredindo bem. No dia seguinte eu iria buscá-la no hospital e trazê-la de volta para casa. Aguardava ansiosamente este momento – tinha separado uma roupinha e estava tudo pronto para ir buscá-la.

Eu dormia profundamente e, às duas horas da manhã, subitamente me sentei na cama e sabia que alguma coisa havia acontecido. Fiquei muito apreensiva. Não sabia porque tinha me sentado, e então reconheci o seu espírito passando por cima de mim para me avisar que ela havia falecido. Vinte minutos depois o telefone tocou e era do hospital. Eles disseram que ela havia morrido exatamente às duas horas – no exato momento em que me sentei na cama. E esse foi, portanto, o meu primeiro contato com uma forte crença de que somos mais do que um simples corpo, e que na morte ainda estamos vivos. Desde então tive muitas experiências para confirmar isso.

Hoje o meu trabalho me torna mais interessada na morte, pois trabalho com muitas pessoas que estão morrendo. Também estou interessada no assunto pelo fato de eu ser clarividente – isso aconteceu após aquela experiência próxima à morte. Por ser clarividente, estou constantemente em contato com almas que estão no outro lado. Isso soa ridículo, e minha mente diz que não é lógico, mas para mim é como um fato da vida.

Considero a minha EPM como sendo absoluta e totalmente espiritual – não religiosa, mas espiritual. Antes daquela experiência eu diria que acreditava firmemente em

Deus, mas não diria que era uma pessoa religiosa. Hoje eu diria que sou uma pessoa muito espiritual, mas ainda não me vejo como uma pessoa religiosa. Antes eu me via como uma protestante, mas agora sinto cada vez menos que a religião organizada tenha as respostas. Atualmente eu acredito mais na espiritualidade e não acho que ela tenha que ser rotulada. Sinto que as respostas surgem mais do seu próprio ser. Aquela experiência foi para mim uma total confirmação de que Deus existe.

Antes (da EPM) eu não conseguia acreditar firmemente nos fenômenos psíquicos, pois tinha tido apenas aquela experiência com minha filha, e contudo eu sabia que havia algo neles que era bastante estimulante. Hoje, é claro, eu não tenho nenhuma dúvida sobre a realidade dos fenômenos psíquicos.

Desde a EPM a minha clarividência aumentou sensivelmente. Quando eu era criança passei pelo que agora percebo ter sido uma experiência clarividente, embora naquela época eu não pudesse rotulá-la dessa forma. Eu estava muito consciente do meu terceiro olho. Eu tinha três ou quatro anos quando vi meu terceiro olho pela primeira vez. Ao redor dos dois anos de idade também tive uma experiência na qual me foi dito que, quando eu crescesse e me casasse, eu teria uma bebê menina e ela morreria. Ainda criança eu vi a figura do meu marido, e quando o encontrei na vida real, eu o reconheci imediatamente.

Hoje em dia eu tenho muito mais visões premonitórias do que antes. É claro que, devido à natureza do meu trabalho, muitas delas ocorrem durante as horas em que estou trabalhando, mas também tenho sonhos premonitórios e os levo muito a sério. Também recebo orientação em meus sonhos e percebo que agora compreendo melhor o simbolismo, e por isso a minha habilidade de decifrar o seu significado aumentou de forma muito expressiva.

Antes da minha EPM eu nunca senti que estava em contato com espíritos ou guias, mas hoje isso acontece o tempo todo. Acho que para mim não é uma questão de realmente poder visualizá-los. Acho que vem mais dos sentimentos – sinto o que eles estão me dizendo ou às vezes ouço, pois sou também clariaudiente. Eu realmente os ouço falar. Mas sinto que estou aqui mais para os guias das outras pessoas – para transmitir informação deles às pessoas que vêm me ver.

Também é possível ver as almas enquanto elas efetuam a transição e obter delas informação sobre assuntos que dizem respeito aos seus próprios parentes. Por exemplo, uma certa noite, não faz muito tempo, esse médico meu amigo veio me ver com sua esposa e me disse que um paciente seu tinha acabado de morrer. Ele me pediu para sintonizar e descobrir tudo o que eu pudesse sobre aquele homem. E eu então fiz isso, e lhe disse que aquele homem tinha um dos dedos dos pés preto (e de fato aquilo era verdade – ele teve gangrena no dedo), e havia morrido de um ataque cardíaco. O seu espírito surgiu com uma mensagem muito forte de que ele estava muito bravo com uma pessoa da equipe do hospital – ela usava um uniforme amarelo e entrou em seu quarto enquanto ele estava morrendo, revistou seu casaco, que estava pendurado no armário, e levou o dinheiro. Descrevi a mulher através das palavras da alma que tinha me dito isso e, imediatamente, o médico lembrou-se dela. Foi até ela e a confrontou com o assunto, e ela admitiu que tinha, de fato, pego o dinheiro. E a alma ficou satisfeita por ter dado a mensagem. Também houve mensagens pessoais para a sua família. Ele me disse que vinha da costa norte e deu mensagens sobre o que ele queria que fosse feito com certas partes de sua propriedade, etc. Esta é uma experiência que acontece muito quando os espíritos acabaram de falecer. Eles vêm transmitir mensagens para nós que ainda estamos aqui na Terra.

Se quiser, posso sintonizar com outras pessoas, não importa quem sejam, e obter informação sobre o que quer que seja. Há pouco tempo atrás minha irmã e eu decidimos fazer um pequeno experimento com experiências fora do corpo. Ela vivia provavelmente cerca de vinte quilômetros de distância da minha casa. Uma certa manhã conversávamos sobre isso ao telefone e combinamos em fazer um pequeno experimento. Ela então disse: "Certo, eu vou continuar a fazer o que estou fazendo, e você vem e me visita espiritualmente, enquanto faço as minhas tarefas. Depois você me telefona e me diz o que eu estive fazendo." E assim o fiz. Viajei conscientemente, ou deixei meu corpo conscientemente, e fui até a sua casa. Quando cheguei lá, ela estava na lavanderia. Havia dois tanques, um cheio de água, com roupas vermelhas de molho, e outro vazio. Vi três criancinhas brincando com os seus cachorros no pátio dos fundos. Depois todas elas atravessaram correndo a porta dos fundos, passaram pela casa e foram até a sala. Duas das crianças começaram a correr atrás de um cachorro, e minha irmã correu e gritou: "Tirem esse cachorro daqui!" Também a vi bater no canto da mesa da cozinha enquanto corria atrás das crianças. Então, vinte minutos mais tarde, contei a ela tudo o que eu tinha visto. Ela não podia acreditar, pois aquilo era cem por cento o que tinha acontecido. E então, depois disso, ficamos completamente convencidas das nossas experiências fora do corpo.

Era muito diferente ver as coisas clarividentemente. Em nosso experimento eu tive de forçar-me a deixar o meu corpo e viajar cerca de vinte quilômetros de onde eu vivia até a sua casa, e experimentei sair do meu corpo conscientemente. Quando alguém vem para uma leitura nada disso acontece, e eu fico totalmente consciente no nível físico. Não deixo o meu corpo, mas sei que tenho um conhecimento daquilo que as outras pessoas não compreendem sobre as suas vidas, ou do que elas querem para as suas vidas, ou que direção deveriam tomar. Recebo informação que me é transmitida de diferentes maneiras – uma delas é a oração, outra é a clarividência e a clariaudiência, e a outra é simplesmente uma sensação de saber. Há também outro modo de colher informação que é através da psicografia.

Normalmente eu não faço psicografia, mas tenho trabalhado, por exemplo, num programa de televisão, há vários anos, onde a informação nos é transmitida através da psicografia. São feitas perguntas. Depois eu escrevo as respostas, e elas são então pesquisadas. É um programa histórico, baseado na história real, e portanto a informação que nos é transmitida leva os pesquisadores a arquivos históricos, manuscritos e assim por diante. É sobre os fundamentos básicos da história da Austrália, e é feito por pessoas que são pagas para pesquisar e obter informação. Muitos fatos incríveis surgiram a partir desse trabalho.

Após a minha experiência próxima à morte eu aprendi a me valorizar muito mais. Senti que valia mais a pena ser amada por mim mesma, embora ainda me sentisse obrigada, é claro, a atender às minhas responsabilidades – eu não queria ser demasiado indulgente comigo mesma. Mas a busca de significado interno começou um ano depois.

Naquela época eu dava aulas e trabalhava como bibliotecária numa escola. Era uma biblioteca enorme e nova, e eu era responsável por comprar todos os livros. Mas eu também tinha algum tempo livre. Uma manhã eu estava sentada em meu escritório, quando a senhora da limpeza chegou e me disse que faria uma sessão espírita naquela noite. E eu lhe perguntei: "O que é uma sessão espírita?" Ela me explicou que usava um copo e dispunha o alfabeto, etc. Então eu falei: "Está certo, veja se você pode me dar alguma informação sobre a minha filha." Ela disse que tentaria. Na tarde do dia seguinte, ela voltou com um pedaço de papel, e nele estava escrito o nome da minha filha. Ela não tinha nenhuma idéia de que minha filha havia morrido, nunca tínhamos falado naquilo. No papel estava escrito o nome do bebê, Susan Marie Natasha, e a mensagem: "Eu te amo, mãe." Eu quase desmaiei. E assim, depois disso, comecei a pensar que devia mesmo haver algo de real naquilo tudo.

Por estranho que pareça, na semana seguinte tive que ir a uma distribuidora a fim de comprar livros para a biblioteca, e tinham enviado um senhor para me apanhar. Ele era idoso, tinha uns setenta anos. No porta-luvas do seu carro (o qual não tinha tampa – era como uma prateleira aberta) havia um livro chamado *A Vida Após a Vida*. Enquanto prosseguíamos, eu falei para ele: "Esse parece ser um livro interessante." E ele disse: "É fascinante. Você tem interesse pela vida após a morte?" E eu respondi: "Bem, eu não sei nada sobre o assunto, mas certamente gostaria de saber." Ele então me deu o livro. E quando chegamos à distribuidora, ele pegou cinco ou seis livros sobre assuntos semelhantes e me deu. Aquilo fez com que eu começasse. Depois disso, não consegui parar – eu queria saber sempre mais. Obtive uma perspectiva totalmente nova da vida.

Eu sabia que tinha que continuar crescendo. Sabia que tinha que conhecer mais e também que tinha que me doar mais. Quanto mais eu descobria, mais eu tinha para dar. Isso significava que eu precisava mudar minha carreira. Então parei de ensinar e tentei encontrar uma aplicação para o conhecimento que eu tinha obtido. E achei muito difícil encontrar uma profissão aceitável, onde eu pudesse compartilhar as minhas verdades sem parecer muito estranha. E por isso o melhor que pude fazer foi investigar métodos alternativos e hipnoterapia, os quais me deram um rótulo que fazia com que as pessoas pudessem se relacionar comigo dentro do contexto daquele tipo de atividade. Uma vez assegurado isso, fui capaz de usar os meus dons, os quais sinto que são um resultado daquela experiência de quase morte.

Havia muita tensão em meus relacionamentos. Todo mundo achava que eu tinha ficado muito esquisita, pois eu havia deixado um emprego seguro no magistério após quinze anos de trabalho, e eu própria me senti muito perdida enquanto redirecionava a minha energia. Meus pais achavam que eu era muito irresponsável, e meu marido e meus filhos não compreendiam o que eu estava fazendo. Hoje eu tenho um bom relacionamento com a minha família, mas é porque agora eu me estabeleci, e eles sabem que o trabalho que estou fazendo provou ser bastante útil.

Descobri que um grande número de amigos que me tinham sido muito necessários não o eram mais, e simplesmente me afastei. Também me sinto muito solitária porque não posso ter relacionamentos verdadeiramente íntimos com as pessoas. Não é porque elas não sabem de onde eu venho – não é isso – é que todas as minhas energias se concentram no trabalho que estou fazendo e o que sobra tenho que dar para a minha família. E por isso, em termos de amizades, eu tenho uma vida isolada, o que de certo modo é muito triste, mas recebo um apoio muito amoroso das pessoas para quem trabalho.

Hoje eu sou muito mais amorosa com as pessoas. Amo as pessoas de forma genuína. Tenho muita empatia por elas e muito mais paciência e tolerância. Eu costumava ser muito impaciente com as pessoas, mas agora vejo que mudei.

Minha atitude em relação ao aprendizado também mudou porque, antes da experiência, eu sempre considerei o aprendizado como sendo de natureza acadêmica. E hoje sinto que isso é muito válido, mas há um outro tipo de aprendizado que me parece até mesmo mais válido, que é o aprendizado das questões espirituais, obtido não tanto pelo que as outras pessoas podem lhe dizer, mas através daquilo que você pode decifrar por você mesmo.

Na verdade eu comecei a estudar (após a EPM). A primeira coisa que fiz foi me inscrever na universidade para fazer Psicologia. Mas fiquei muito insatisfeita com o curso. Não conseguia aceitá-lo, sentia que havia muito mais coisas além daquilo. E assim, depois de seis meses, eu deixei o curso porque quanto mais eu estudava, mais descontente eu ficava. Depois daquilo eu perambulei um pouco e me perguntei o que eu deveria fazer e então, por estranho que pareça, num dia em que eu estava no *shopping center* local, notei que lá havia um numerólogo. Minha amiga me encorajou, e eu então paguei dois dólares e cinqüenta centavos, e ele datilografou uma folha de informação para mim, na qual disse coisas que me fizeram tomar uma iniciativa. Por causa daquilo eu me inscrevi no curso de terapias naturais, que era muito mais válido para mim. Fui capaz de me relacionar com aquele estudo de forma muito melhor do que com o tipo de situação universitária, acadêmica, formal.

Mas enquanto eu fazia aquele curso também me tornei bastante consciente de uma série de coisas . Disseram-me num sonho que eu iria me tornar clarividente e que eu estaria, por assim dizer, no estágio do jardim de infância. Três semanas depois daquele sonho eu de fato tive a minha primeira visão clarividente. Eu não sabia se devia confiar naquilo, mas surgiam cada vez mais situações em que eu dizia a pessoas estranhas muitas verdades sobre elas próprias. Então percebi que o sonho era, na verdade, uma orientação. E assim comecei a realizar leituras para os conferencistas de uma faculdade onde eu estava estudando. Eles podiam ver o dom que eu tinha porque eu também fazia diagnósticos. Fui aconselhada por alguns deles a largar o estudo, sair pela vida e usar o meu dom. E foi o que eu fiz. Depois do curso de terapias naturais fiz o curso de hipnoterapia e o achei muito interessante. Tenho trabalhado com isso há oito anos.

Depois de atender duas ou três pessoas como hipnoterapeuta percebi que não deveria continuar a me esconder atrás daquele rótulo. Tão logo comecei a atender pessoas para fazer curas e leituras sobre as suas vidas houve grande receptividade, e hoje as pessoas me procuram ou como clarividente, ou hipnoterapeuta ou como curadora sensitiva. Às vezes eu trabalho até com médicos. Trabalho com médicos que aceitam o que faço – eles fazem o seu procedimento usual com um paciente e permitem que eu também faça o meu. No que diz respeito à profissão médica, a maior parte do meu trabalho é treinar as pessoas a não aceitar nada que seja demasiado drástico ou radical.

Hoje a minha vida me dá *extremo* preenchimento! Um preenchimento *inacreditável*! É *totalmente* gratificante! Eu não tinha nenhuma idéia de que um preenchimento desse nível era possível. Estou muito contente, me sinto tremendamente gratificada naquilo que faço e sou muito feliz. Estremeço ao pensar em compará-la com a minha vida antes da EPM! Oh, é verdade, não há comparação entre a pessoa que sou hoje e a pessoa que eu era antes da experiência. Eu realmente sou uma pessoa completamente diferente. Sou simplesmente uma outra pessoa. Eu hoje tenho uma compreensão real de como tudo é tão intrincado, tão valioso e tão belo.

# 5. *NO OUTRO LADO*

O outro mundo tem sido freqüentemente descrito pelas pessoas que passam pela experiência próxima à morte como um "mundo de luz". A entrada nesse mundo de luz é um indicador do tipo mais profundo de experiência próxima à morte e é o privilégio de um pequeno número de pessoas que passam por EPMs. Aqueles que passam algum tempo no outro lado falam de uma luz maravilhosa, de belos panoramas, prédios e até mesmo cidades. Eles relatam encontros com parentes e animais de estimação já falecidos, com seres luminosos e até mesmo com um Ser de Luz que irradia amor e paz. Falam de encontros que vão desde vislumbres passageiros até longas conversas e passeios dirigidos. Eles quase sempre *querem* ficar, mesmo que ao final tenham que voltar.

Hal, um menino de quatorze anos que um dia sofreu três ataques cardíacos na escola, passou por uma experiência extremamente profunda e complexa, durante a qual teve um encontro com a Luz, viu uma cidade à distância, e foi levado a um prédio chamado de "o arquivo histórico", dentro do qual ele teve uma experiência de possuir "todo o conhecimento". Ele descreve o seu encontro com a Luz:

*Meu amigo Tom (o falecido colega de escola de Hal, que estava atuando como seu guia) disse: "Olhe, a Luz está vindo!"*

*Eu podia ver na distância um pontinho de luz, e ele vinha em minha direção. A Luz parecia estar vindo de centenas de quilômetros de distância, vindo numa velocidade imensa. E ficava cada vez maior e mais brilhante. Era talvez a luz mais brilhante que eu já tinha visto. À medida que a Luz chegava cada vez mais perto, o sentimento de paz ficava cada vez maior. Era um sentimento maravilhoso. E então a Luz chegou bem perto, e eu perguntei a Tom: "O que eu devo fazer? Devo me ajoelhar e rezar? Nunca fiz nada disso antes."*

*Ele respondeu: "Não, não se preocupe. Você não precisa fazer nada disso. Ela vai começar a falar com você. Você simplesmente responde ao que ela lhe perguntar."*

*A Luz então veio até mim e falou comigo.*

Helen[1] também descreveu sua conversa com a Luz:

*Era bonito para onde eu estava indo. E tenho certeza de que vi pessoas e que reconheci minha avó. E encontrei esse grande e belo Ser de Luz – ele não tinha nenhuma forma mas era belo, de uma bela cor dourada. É indescritível.*

*Eu estava realmente feliz de ir, mas então pensei em meus três filhinhos, dois meninos e mais o bebê, e realmente senti que devia ser uma mãe para eles e os criar. E conversei sobre isso com o Ser de Luz. Foi realmente bonito, e ele disse que eu podia voltar para cumprir a minha vida de mãe. Foi simplesmente adorável.*

Umas poucas pessoas disseram ter visto prédios de diferentes tipos. Foi o amigo de Hal, Tom, que o levou a um prédio chamado de "o arquivo histórico". Hal descreve o que aconteceu:

*Quando entramos no prédio fomos primeiro para uma grande sala, e havia um corredor à nossa frente. Ele parecia ter apenas seis metros de comprimento, mas enquanto caminhávamos parecia haver ainda mais seis metros para percorrer. Continuamos caminhando sem parar. Este corredor estava vivo – era uma sala. Tinha paredes de três metros de altura e havia painéis na parte de cima das paredes que se inclinavam em nossa direção. Esses painéis pareciam estar irradiando conhecimento sobre mim. À medida que eu prosseguia, todo esse conhecimento estava vindo a mim. Tudo o que era conhecido pelo gênero humano estava nesse arquivo histórico e estava vindo para a minha mente. Quando cheguei ao final eu senti que sabia tudo. Mas agora não consigo lembrar!!*

*Quando finalmente estávamos prontos para partir Tom disse: "Eu agora vou tirar todo esse conhecimento de você. Não lhe é permitido levá-lo de volta com você."*

*Eu então lhe falei: "Você não pode tirá-lo de mim – está tudo aqui em minha mente." Eu sabia todas as línguas, tudo.*

*Ele me perguntou: "Qual é a palavra que eles usam no Afeganistão para vermelho?"*

*Eu prontamente lhe disse qual era a palavra.. Ele então fez alguma coisa e eu esqueci.*

Kenneth Ring em um de seus estudos, descreveu a experiência de uma pessoa que também conhecera todas as línguas:

*Eu podia ouvir línguas. Todas as línguas. Línguas que eu nunca tinha ouvido antes; e podia entendê-las.*[2]

E, bem recentemente, eu encontrei um outro exemplo interessante de "saber tudo" numa entrevista que fiz com uma adolescente que teve a sua experiência aos quatro anos de idade, durante uma cirurgia de extração de amígdalas. Ela descreveu a compaixão que sentiu pela ignorância deles, enquanto realizavam sua operação. Sentiu que ela, como o espírito de uma criança de quatro anos, era muito mais sábia e conhecia muito mais do que eles.

Há tantos aspectos da experiência no outro mundo que poderiam ser discutidos. Por exemplo, vários dos entrevistados por Ring relataram ter visto uma cidade de luzes, e Hal também diz que podia olhar para uma cidade desde o prédio do arquivo histórico. O mais costumeiro, entretanto, é que os experimentadores que chegam ao outro lado tornam-se conscientes da "luz", cuja beleza eles dizem ser inexprimível. Alguns descrevem um panorama radiante e outros até mesmo interagem com seres luminosos, ou às vezes parentes ou amigos falecidos. Uma amiga querida, que nove anos atrás chegou próximo da morte num acidente de carro em que seu marido morreu, escreveu recentemente sobre a sua experiência para o boletim informativo do AUSTRALIANDS:

*Nós morremos juntos, ele e eu, e como entidades de energia fomos juntos para um lugar fora do tempo e do espaço ... Tornei-me consciente da LUZ. Luto para encontrar palavras terrenas com que possa descrevê-la. É a luz do ser, pulsando de dentro de cada um de nós. E o som! É o som do ser, irradiando-se de cada um de nós para criar uma comunidade de vibração pura, sagrada! ...*

*Fui para um outro plano onde o meu Ser se expandiu até eu me tornar Una com Tudo. É a suprema volta para Casa. Só existe a Unidade, uma conexão total. E só existe o êxtase. Eu sabia que queria estar aqui onde é o meu lugar, Una com a Luz para sempre. Foi-me dito que eu deveria voltar para a Terra porque eu não tinha completado o meu trabalho lá. Eu não queria ir e, no entanto, compreendi muitas coisas. O meu marido ficaria e eu voltaria, e é assim que seria.*[3]

Vale a pena deixar que Joy continue a contar a sua história, já que ela ilustra, de maneira tão comovente, o tema deste livro:

*Voltei ao meu corpo machucado e à consciência terrena. Eu sabia onde tinha estado, sabia que meu esposo estava morto e sabia que passaria o resto da minha vida na Terra perseguindo a força irresistível daquela transformação. Por nove dias estive envolvida por um casulo de luz dourada. Um amor incondicional brotava do meu coração; eu estava num estado de graça. O meu ser era compaixão, harmonia inata e energia curativa ...*

*Esta experiência de quase morte continua viva em minha vida diária. Entendo que o trabalho incompleto para o qual fui enviada de volta é compartilhar o amor incondicional que me foi tão incondicionalmente dado. Sei que Deus é a totalidade de toda a vida, quer se manifeste como Unidade ou como árvores, como relva ou pessoas. Meu corpo foi curado. O meu pesar não é menos intenso, mas é menos freqüente. Cinco anos atrás eu compreendi que não era mais adequado "ficar por lá", fora do meu corpo, mas que eu tinha que trazer aquela essência para esse pedaço de barro chamado corpo. E foi então que o verdadeiro trabalho começou; resolver as questões inacabadas da minha vida, aprender a me tornar presente em minha vida, a viver e morrer conscientemente.*

Neste capítulo, outras cinco pessoas que passaram pela experiência próxima à morte compartilham as suas histórias conosco. No outro lado, Juliet acha-se numa floresta onde encontra belas pessoas; Shana descreve estar num mundo dourado com seres angélicos; Mary experimenta ser envolvida pela Luz e interage com três seres luminosos; Grace se vê num panorama amável, cercada por muitos parentes falecidos; e Janet ouve uma música maravilhosa e descobre estar na presença amorosa da Luz.

# JULIET

*A primeira vez que ouvi falar de Juliet foi através de uma amiga comum que tinha participado de alguns dos seus seminários. Depois de falar com ela ao telefone, fui ao seu apartamento para fazer a entrevista. Juliet é uma mulher alta, magra, de pele clara e cabelo preto e crespo. Ela tem a voz suave e uma atitude muito amável. Depois de termos passado umas duas horas juntas naquele primeiro dia, tive a impressão de que ela era uma pessoa profundamente espiritual, sensível e compassiva. Entretanto, uma vez mais, como tantas das mulheres que entrevistei, esta sensibilidade e amabilidade não devem ser confundidas com fraqueza. Juliet é uma pessoa de considerável capacidade e força.*

*Juliet tinha quarenta e seis anos quando teve a sua segunda experiência próxima à morte e, naquela época, ela já trabalhava como curadora psíquica. Gravamos nossa entrevista sete anos depois.*

Eu estava sendo operada – uma operação na bexiga. Encontrava-me na sala de operações e podia sentir que estava adormecendo. Então ouvi um barulho semelhante a um bater de asas – esse é o único exemplo que me ocorre para descrever o que eu ouvi. Na verdade eu não ouvi um pássaro enorme batendo asas, mas o barulho era esse – não era um rugir, mas um bater de asas. E então houve uma sensação de estar sendo puxada muito rapidamente. Li que as pessoas passam por um túnel e que há luz no fim do túnel, mas não era bem um túnel – era como se eu estivesse no espaço. Não era fechado, havia uma sensação de totalidade (lágrimas). É difícil de explicar. E então percebi o que pareciam ser vários homens. Eu estava numa floresta muito bela. Mas eu nunca tinha visto uma floresta como aquela, era (lágrimas) tão bela, com árvores enormes, imensas. Elas eram tão altas! E havia uma clareira, estávamos em uma clareira, e ela parecia ser muito leve. Aquilo era muito poderoso. Era uma luz magnífica – não era como essa – era pura luz branca. E esses belos seres estavam lá de pé, e eu disse (lágrimas): "Graças a Deus que estou aqui! Eu achei que viria antes, mas não consegui. Mas agora estou em casa." E eles como que me olharam. Não houve nenhum intercâmbio verbal. Não senti ninguém falando de fato comigo, mas a sensação era: "Não Juliet, você tem que voltar. Você tem muito mais coisas para fazer." E foi assim que a experiência terminou. Lembro então que acordei. Não lembro de voltar ao corpo nem de sair dele. Mas quando acordei havia um maravilhoso sentimento de paz – eu simplesmente sabia. Você não sabe o que você sabe, mas você sabe alguma coisa (risos). E tive também uma sensação de muita tranqüilidade. Uma sensação de bem estar, de que tudo está bem. Era uma sensação impressionante e ela permaneceu comigo.

Na manhã seguinte, uma das enfermeiras passou pela porta – ela tinha recém-começado o seu turno de trabalho – e em seguida voltou, olhou para dentro do quarto e perguntou: "O que aconteceu com você?" Eu estava passando e, quando olhei, pude ver um brilho ao seu redor." Contei-lhe o que tinha acontecido. Eu não sabia se ela iria rir ou não. E ela disse: "Sim, eu acredito em você – isso acontece. Você parecia diferente", e ela então conversou comigo.

É muito difícil colocar em palavras a experiência, pois é uma questão de sentimento. Não tem nada a ver com comunicação verbal – está além disso. Mesmo agora, quando penso sobre ela, eu ainda me emociono.

Eu tive uma outra EPM cinco anos antes. Não me lembro de estar com pessoas naquela época, mas certamente me lembro de sair, de estar na luz e da maravilhosa sensação de paz.

Naquela ocasião houve um grande pânico na sala de cirurgia. Eu havia dito a eles que era alérgica a anestésicos, mas não deram a mínima importância. Lembro quando disseram: "A respiração, a respiração, observa a respiração dela", e aquilo estava acontecendo enquanto eu adormecia, antes de ficar completamente inconsciente. E continuaram falando: "Observa a respiração, observa a respiração, ela está respirando de forma estranha", mas não dei muita importância, pois aquilo acontecia toda vez que eu era operada (e tive muitas operações). E eu estava observando tudo aquilo. Não me lembro de sair do corpo, mas eu estava lá – não bem no teto, mas a meia distância.

Enquanto estava lá em cima eu podia ver tudo muito claramente. Alguém começou a fazer algo em meu peito e então pegaram aqueles aparelhos para choques elétricos. (Em ambas as vezes eu saí machucada daquelas experiências.) Aquilo tudo parecia um pouco desnecessário e nada interessante. Eu pensei: "Oh, tudo bem, não tem importância." E então deixei aquela cena mundana para trás (risos). Durante um certo tempo eu parecia estar no espaço e depois entrei na luz branca. Não lembro de ter encontrado ninguém naquela primeira vez, mas tive a mesma sensação de paz e tranqüilidade. Não parecia haver ninguém lá para dizer: "Ei, volte" (risos), mas foi maravilhoso. E então eu acordei.

Estou certa de que não morri em nenhuma daquelas ocasiões porque eu ainda tinha muito trabalho para fazer. Eu tinha que continuar e fazer o que precisava ser feito. Eu já estava trabalhando nessa área e, na segunda experiência, senti que a mensagem era: "Você está se saindo bem Juliet, mas você tem que voltar e trabalhar um pouco mais." Eu agora tenho um forte sentido de propósito e me sinto muito realizada naquilo que faço.

Acho que nunca tive medo da morte. Eu vivi numa fazenda quando era criança e lá a morte era algo natural. Não era um problema. Hoje eu não tenho medo algum (risos). Eu agora tenho, por assim dizer, um desejo de morte (risos). Na verdade não é um desejo de morrer, mas a morte é algo que aguardo ansiosamente.

O suicídio, é claro, é diferente. O suicídio é algo que me tentou no passado, mas hoje eu nem sequer sonharia em fazer isso. Sei o que existe lá do outro lado, mas também sei que tive que voltar por uma razão.

Embora eu não tivesse medo da morte antes das minhas EPMs, não acho que tivesse também algum interesse em especial na morte. Mas agora, no trabalho que faço, percebo que posso ajudar os outros a diminuírem o seu medo da morte e do morrer, às vezes apenas auxiliando-os a olhar para uma vida passada ou algo assim. Eles o fazem por si mesmos – estou lá apenas como uma catalisadora.

(A EPM) foi uma experiência completamente espiritual. Quando criança estudei num internato da Igreja Anglicana. Costumava passar bastante tempo na capela – eu era muito religiosa. Mas depois comecei a perceber que a religião era muito restritiva, não havia muito espaço para se expandir e considerar outras coisas. Então procurei conhecer todos os tipos de religiões, mas acabei sendo apenas eu mesma. Hoje eu sei que há uma energia superior, uma força universal, e que ela opera através de tudo e de todos e que, enquanto assumirmos a responsabilidade por nós mesmos, não iremos ferir nem causar dano a ninguém nem a nada. Hoje eu medito e falo com Deus. Tenho consciência de que aquela energia está lá e me comunico com ela. Se preciso peço ajuda e tento não me preocupar com os meus problemas. Tento deixar a minha vida aos cuidados do provedor universal.

Tive muitas experiências psíquicas, mesmo quando criança. As pessoas costumavam rir de mim porque eu estava sempre "lá com as fadas". Acho que tão logo me encontrava sozinha fora da casa, eu *estava* num mundo diferente, mas nunca vi fadas. Eu costumava fazer coisas e falava com elas, e eu tinha um "amigo" que estava sempre comigo – não um amigo em carne e osso, mas um verdadeiro amigo para mim. Nós costumávamos falar e nos comunicar com os animais. Os animais e os pássaros simplesmente vinham até mim.

Há cerca de três anos atrás, eu trabalhava de dia e tinha um grupo à noite, por isso vinha me sentindo um pouco cansada. Uma certa noite resolvi me deitar e descansar por uns vinte minutos. Fechei os olhos mas, por alguma razão, eu os abri novamente e olhei através do quarto. Em cima da televisão, no quarto de dormir, há uma grande estátua do Buda feita de jade e, próximo a ela, há um vaso com algumas flores secas, e havia lá um tipo de brilho. Eu pensei: "Hum, aquilo é uma luz brilhante. Que estranho!", mas me deitei de novo. Então, enquanto eu olhava, ela parecia cintilar com pequenos *flashes* – azul, roxo e prata, muita prata. E ela cintilava e ficava cada vez mais brilhante, e então assumiu a forma de uma fada – com asas e tudo! Eu pensei: "É uma fada grande!" (risos). Ela estava encostada ou quase sentada sobre o Buda. Eu podia ver claramente, mas o seu contorno estava lá naquele tipo de névoa. E então ela se foi. Dois dias depois, eu estava num outro quarto fazendo algumas anotações e quando olhei através de um vaso de flores sobre a mesa, lá estava ela de novo. Fiquei tão surpresa (risos).

Mas uma experiência muito forte aconteceu cerca de dezessete anos atrás. Meu casamento tinha recém-acabado e eu estava num outro relacionamento. Uma noite saímos para passear e estávamos sentados no carro conversando, quando de repente uma voz me gritou: "Vá embora Juliet, vá embora!" E eu não discuti, simplesmente disse: "Temos que ir embora!" Geoff imediatamente ligou o carro, e eu olhei através da janela e, de quatro caminhonetes próximas, desceu um grupo de homens com correntes, chaves de roda e coisas assim. Por sorte Geoff nem perguntou se havia algo errado. Ele reagiu imediatamente e saímos às pressas. E eles então correram de volta para as caminhonetes e nos perseguiram. Foi uma perseguição infernal. Eles nos seguiam e tentavam fechar nossa passagem. Eu imagino que eu teria morrido. Senti que não deveria ter ido naquela direção, você entende. Disseram-me para ir embora, e fomos! Isso prova que se escutarmos, seremos orientados. Essa voz era como se fosse você sentada aí e gritando comigo, era tão alta e salvou as nossas vidas.

De vez em quando tenho experiências fora do corpo. Às vezes elas simplesmente acontecem, mas também posso induzi-las. Na meditação, quando estou muito cansada, é bem fácil. A entrada e a saída de energia acontece através dos meus pés, mais do que qualquer outro lugar, e eu sinto que estou sendo puxada. Sei que é diferente para cada pessoa, mas para mim são os pés – sinto a energia saindo como uma rajada de vento e, num certo sentido, é como se fosse uma drenagem, mas também é revitalizante. Às vezes tenho consciência de estar apenas flutuando, mas não trabalho muito desse jeito. Normalmente eu digo a mim mesma para ir a algum lugar e vou lá. Sempre faço isso com um propósito, nunca saio apenas para passear – isso não me interessa.

Se estou preocupada com alguém, quer seja da família ou um amigo, ou se alguém me dá um nome, eu então vou até aquela pessoa. Por exemplo, cerca de seis anos atrás, um amigo tentou cometer o suicídio e esteve em coma por dois meses. Sua filha, um amigo e eu estávamos constantemente entrando e saindo da unidade de tratamento intensivo. Nesse dia estávamos ficando muito cansados, e então decidimos que era melhor ir para casa e descansar um pouco. Cheguei em casa e fui tomar um banho, enquanto pensava: "O que mais posso fazer para ajudar?" E a resposta foi: "Vá até ele, vá até o seu corpo. Vá e o faça respirar." Então me deitei na cama, fui até o seu corpo e comecei a respirar por ele. Depois de um certo tempo eu levantei e liguei para o hospital para perguntar como ele estava. A irmã que me atendeu disse que ele estava na mesma condição. Então eu pensei que não tinha funcionado (risos). Fui para a cama e deixei o assunto de lado. Pensei: "Bem, acho que não é meu dever curá-lo."

Mas na manhã seguinte, quando fomos ao hospital, a irmã disse que ele tinha melhorado. Eu perguntei a ela quando ele havia começado a respirar, e então ela me disse a hora. Aparentemente ela deixou o telefone logo após eu ter ligado, foi ver como ele estava e o encontrou respirando.

Minha vida hoje é bastante cheia, mas meu único e verdadeiro interesse é fazer o que eu puder para ajudar outras pessoas a encontrarem a si mesmas. É claro que gosto de sair e ter uma vida social, mas só até um certo ponto. Parece tão superficial, não leva a nada. Não tenho nenhum interesse em sentar e falar com as pessoas sobre assuntos "sociais". Gosto de sentar com pessoas que têm interesses similares. Acho que, de certo modo, isso é um pouco egoísta e estreito, mas é importante continuar crescendo.

Acho que a mudança mais significativa que me surgiu desde a EPM é que eu agora tenho confiança. Ela confirmou aquilo em que eu já acreditava, e por isso atualmente não me importa se as pessoas acreditam em mim ou não. Isso não é mais um problema. Não acho que eu tenha que provar nada, confio no meu trabalho e não me preocupo com o que os outros pensam. A experiência próxima à morte trouxe mais paz em minha vida, mais compaixão pelas outras pessoas, por suas necessidades e sentimentos. Só em pensar nisso sinto mais alegria e beleza.

# SHANA

*Eu tinha acompanhado meu marido ao estúdio de televisão onde ele seria entrevistado num programa de variedades de fim de semana. Na sala dos convidados fomos apresentados a Shana, que também se apresentaria no mesmo programa para falar de seu trabalho com golfinhos. Conversamos um pouco até o programa começar. Durante a entrevista fiquei impressionada ao ouvir Shana mencionar, brevemente, como sua vida tinha mudado quando ela quase morreu. É claro que imediatamente suspeitei que ela tivera uma experiência próxima à morte e, mais tarde, ela confirmou que minha suspeita era verdadeira.*

*Depois nós a levamos de carro para a casa de um amigo. No caminho conversamos sobre sua EPM e combinamos de nos encontrar novamente se voltássemos a passar por sua cidade na costa norte de New South Wales. Cerca de seis meses depois Shana foi incluída em meu itinerário de entrevistas na região norte.*

*Shana possui uma aparência frágil. É magra, de constituição delicada, cabelo loiro liso e olhos azul-claros. Passamos uma manhã de inverno com ela em sua casa, situada próxima a um lago. Sentamos no chão, numa sala ensolarada, para gravar a nossa entrevista.*

*Shana tinha vinte e três anos e fazia treinamento para ser enfermeira na época de sua EPM, mas quando conversamos, vinte e um anos depois, ela estava "trabalhando com a consciência de baleias e golfinhos".*

Eu estava no hospital para uma cirurgia muito simples nos rins, mas tive um choque devido a uma reação alérgica. A dor era constante, e eles não conseguiam fazê-la parar. Tiveram que me levar de volta para a sala de cirurgia, e tive três ataques cardíacos, todos eles devido ao choque. Vi então um filme completo da minha vida – tudo. Foi incrível. Lembro de na época ficar impressionada com as coisas que eu tinha esquecido. Vi tudo desde o primeiro dia de minha vida até aquele dia – cada detalhe em particular. Não me senti de modo algum julgada – foi fantástico. Era como se eu estivesse assistindo a um filme sobre a minha vida, era fascinante.

Aquilo foi ótimo, mas depois tive a sensação de que todos os meus sentidos estavam se fechando – o corpo inteiro estava se fechando. Foi muito estranho. E então me vi fora do corpo e observava todas aquelas pessoas trabalhando em mim. Elas sabiam que eu era australiana (eu estava na Inglaterra naquela época) e lamentavam muito que aquilo estivesse acontecendo, e também era próximo do Natal. Senti uma incrível compaixão por elas. Olhei para o meu corpo – ele tinha 35 quilos e era muito magro. Eu sabia que meu corpo estava acabado – percebi suas limitações. Enquanto observava esse pequeno corpo, pensei: "Bem, foi um corpinho bom enquanto durou, mas acabou-se."

Eu podia ver minha mãe no saguão do hospital em Sussex, Inglaterra, e podia ver meu pai na Austrália – eu podia ver todo mundo com quem eu estava ligada. Era tudo uma só coisa, algo global. Os médicos e as enfermeiras estavam trabalhando em mim. E havia esse incrível sentimento de compaixão que eu nunca havia sentido antes. Eu o sinto desde então, mas adoraria senti-lo o tempo todo. E eu dizia para todo mundo que eu estava bem. Era incrível ver todas as pessoas – meu pai na Austrália (ele não sabia o que estava acontecendo), minha mãe (ela estava muito preocupada), e o médico, cuja esposa estava morrendo de câncer. Senti uma compaixão especial por ele, porque aquilo não devia estar acontecendo – era como um desastre para ele. Aquilo não devia ter acontecido e senti verdadeira compaixão por ele.

E enquanto eu estava lá em cima era como se eu estivesse num mundo dourado, num incrível mundo dourado, pleno da luz de Cristo. Senti que eu fazia parte daquilo tudo, que era uma parte do todo, que aquele era o meu lugar, que aquilo era a verdade. E havia todos esses seres, anjos, seres angélicos, luminosos, e esse sentimento de amor *total.* E quando eu estava lá em cima compreendi que a minha tarefa era servir, que o único propósito para os seres humanos é servir ao planeta e viver a vida da maneira mais plena possível. Eu sabia que esta era a maneira de se voltar para lá. Eu sabia que nunca voltaria para lá cometendo o suicídio. Mas aquilo dizia respeito a mim, pessoalmente, e não era uma afirmação geral para todas as pessoas. Conheço algumas pessoas que cometeram o suicídio, mas este não é o meu caminho. Certamente não foi o meu caminho. O meu caminho foi voltar para cá e servir. E isso levou uma eternidade.

Eu tinha apenas vinte e três anos e era uma australiana viajando pelo exterior. Antes da operação eu não tinha muita clareza sobre o que eu iria fazer – pensava em me casar com um inglês e ficar na Inglaterra. Mas depois da experiência eu não quis mais me casar. Não queria viver aquele tipo de vida. Eu voltei e não sabia *como* eu ia ser, mas não queria ser como eu era. Era um caso de "eu não sei o que eu quero, mas não quero isso". E passaram-se mais dez anos para eu compreender o significado da palavra "serviço".

Não tenho nenhuma idéia de como eu voltei – foi algo súbito. E fiquei com raiva de ter voltado, foi um choque. Fiquei profundamente chocada, porque meu corpo estava muito dolorido. E depois daquilo tive outros dois meses difíceis, pois os médicos pensavam que eu seria incontinente, e só de pensar naquilo, aos vinte e três anos, era *realmente* demais para mim! Eu dizia: "Muito obrigado, isso é ótimo, obrigado!" (risos).

E levou assim muito tempo para que tudo se integrasse dentro de mim – para eu me acostumar com o fato de que tinha voltado, para descobrir qual era a mensagem, para compreender o que significava dizer que a minha vida seria uma vida de serviço. E também com relação aos sentimentos – levou um certo tempo para eles todos se integrarem. Eu havia tido essa incrível expansão de consciência – eu sabia que onde eu tinha estado era realmente daquela maneira. Era a verdade do mundo.

Nunca mencionei a experiência a ninguém, até fazer um retiro de meditação budista cinco anos depois. Eles descreveram a experiência como sendo correta, a não ser pelo fato de que, segundo eles, somente santos e gurus saem através do topo da cabeça e o restante de nós saímos através dos pés. Eu saí através do topo da cabeça. Não falei sobre isso novamente a não ser muito, muito tempo depois, e tinha muito cuidado sobre com quem eu falava a esse respeito.

Depois passei por todos os tipos de coisas tentando descobrir o que significava servir. Passei por uma fase de autonegação – você sabe, como se tudo o que eu possuísse, eu tivesse que dar aos demais. Achei que eu não devia ter nada. Mas finalmente descobri que aquilo não era serviço, pois me tornava muito rígida. E passei por muitas coisas até que finalmente descobri que, para mim, serviço era compreender a mim mesma – de que primeiro tinha que amar a mim mesma antes de poder amar as outras pessoas.

Não estou certa se antes da minha EPM eu havia pensado muito sobre a morte. Mas eu *acreditava* na reencarnação, porque fui enfermeira de crianças e essa era a única explicação para o sofrimento e a morte delas. Mas hoje penso que quando morremos nos tornamos ilimitados, se assim o quisermos.

Tenho muitas experiências psíquicas, embora ache que isso depende do que você chama de psíquico. Às vezes tenho, espontaneamente, experiências fora do corpo, mas passei por um período em que o fazia voluntariamente. Eu sonhava com certas pessoas e realmente estava lá com elas. Elas me ligavam na manhã seguinte e diziam que tinham me visto. Isto acontecia muito.

Também tenho vislumbres premonitórios – quando estou desperta e também nos sonhos. Os golfinhos de um aquário próximo daqui, por exemplo, me disseram que estavam indo para Queensland uma noite antes de eles irem, e também disseram por que estavam indo. Eles foram transportados.

Tenho um apreço muito grande pelo mundo natural. Acho que sempre tive, mas acho que me tornei muito mais consciente dele após a EPM, muito mais cônscia de que tudo no mundo vivo é consciente.

Seis anos atrás (1983), os golfinhos surgiram em minha mente durante um sonho, milhares deles. Eu não tinha a mínima idéia do que aquilo significava, e cada vez que fechava meus olhos, eles vinham à minha mente. E dentro de uma semana as pessoas tinham me dado todos os tipos de informação – animais de sangue quente, que respiram, assim como nós, com um cérebro maior, sua sociedade e todas essas coisas, e fiquei muito interessada. Depois fui para Nova Iorque, e os golfinhos continuavam a aparecer no trabalho que eu estava fazendo. Achei aquilo realmente muito estranho. E no caminho de volta eu vi um golfinho e pensei: "O que significa tudo isso?" E ele respondeu: "Graças a Deus que você perguntou! Nós todos vivemos no cérebro uno, na mente una. Somos os peritos em comunicação no planeta. Tudo o que você tem a fazer é abrir sua realidade – para além da sua tridimensionalidade – e estamos aí para ajudá-la."

Desde então eu tenho estudado os golfinhos e as baleias ao trabalhar com eles na Flórida. Fui para lá para ver se a comunicação podia ser aberta e descobri que lá havia muita informação. Todo mundo pode ter uma experiência. E descobri que sobretudo as pessoas que vivem em asilos e aquelas que são autistas são auxiliadas por eles. E por isso estou estabelecendo um centro aqui na costa norte. É um empreendimento gigante, mas tudo está indo bem. Sempre há dinheiro suficiente para cobrir o que é necessário. Eu me comprometi a fazer isso para que tenhamos esse recurso. Mas, nos próximos cinco anos, nós vamos ir mais além.

Nosso primeiro objetivo é elevar a consciência humana. Há um propósito educativo – é essencial para os seres humanos terem consciência dos golfinhos, das baleias e de sua comunicação. Eles são realmente notáveis e queremos que as pessoas saibam disso. O centro de pesquisa e o laboratório reunirão todos os pesquisadores e cada pergunta que fizerem lhes será respondida. Trabalharemos com os golfinhos selvagens.

Mudei totalmente de foco desde a minha EPM. Num nível pessoal, acho que houve uma mudança de uma sensação material de bem estar para uma sensação de bem estar interior. Hoje em dia não sou motivada pela busca de sucesso material – isso não me preocupa em absoluto. Às vezes tenho sucesso material, às vezes não, e não me preocupo com isso. O importante é servir. Minha tarefa é servir ao planeta abrindo essa forma de comunicação. Eu costumava trabalhar com o movimento ecológico, mas decidi que poderia ser mais efetiva se fizesse o que estou fazendo agora – trabalhar para essa comunicação, trabalhar para que não haja separação.

# MARY

*A primeira vez que encontrei Mary foi quando ela se aproximou de mim após uma palestra minha em uma conferência. Algumas semanas mais tarde ela me recebeu amavelmente em seu pequeno e confortável apartamento num subúrbio da zona norte de Sydney. Eu sempre me lembrarei de sua amável preocupação com o meu bem estar naquele dia – quando nos despedimos ela me alertou para eu não trabalhar demais, e de que eu já estava ficando excessivamente cansada. Desde aquele primeiro encontro nós nos encontramos em muitas ocasiões, e agora que ela vive em outro estado nós ainda mantemos nossa amizade apesar da grande distância. Ela se tornou a organizadora, em Queensland, do AUSTRALIANDS, ajudando a organizar reuniões e freqüentemente se colocando à disposição de pessoas que passaram por EPMs e que querem falar com alguém. Mais recentemente, começou até mesmo a dar palestras sobre experiências próximas à morte – algo que ela nunca pensou que seria capaz de fazer.*

*Mary é uma mulher pequena, cheia de energia e de aparência bem jovem. Possui cabelo curto, escuro e crespo, levemente mechado de cinza, olhos cintilantes e uma compleição perfeita. Ela tem um riso maroto e uma maneira imperturbável de lidar com o que quer que surja. Parece infinitamente disposta a auxiliar os outros e é muito amada e apreciada por aqueles que estão à sua volta.*

*Mary tinha cinqüenta e oito anos e já trabalhava como curadora quando teve a sua EPM. Nossa entrevista foi gravada oito anos depois.*

Antes da experiência eu tinha viajado muito de avião, o que afetou seriamente as minhas varizes. Continuei a ter muitos problemas com elas até que o médico sugeriu a sua remoção. E então fui para uma operação de remoção de varizes – uma operação simples – mas tive um ataque cardíaco. Descobriram que eu era alérgica ao anestésico. Foi a experiência mais maravilhosa!

Não vi meu próprio corpo, mas sabia que eu estava fora dele, pois me sentia muito leve – não havia nada me puxando para baixo. E, para mim, a parte do túnel foi exatamente como imagino o que se sente quando se é ejetado de uma aeronave para a luz! É muito difícil colocá-lo em palavras, mas a luz era completamente envolvente. Eu estava nela e ela estava em mim. Era como se fosse uma unidade de luz. E lá havia três seres – eles também eram pura luz. Houve um reconhecimento totalmente diferente do que ocorre quando você encontra pessoas pela primeira vez e sente que você as conhece – não era deste tipo. Era mais um sentimento de familiaridade, um tipo de saber. E eles se comunicaram comigo e transmitiram uma certa informação que deveria ser usada mais tarde para o benefício de outras pessoas.

Eu não sabia para onde eu tinha ido – provavelmente para algum lugar, mas não estava de fato segura em que dimensão eu me encontrava. Não havia nenhuma concepção de tempo. Era tão pacífico e contudo não era estático. Era algo totalmente vivo. Eu certamente não queria voltar para o lugar de onde eu viera.

Naquele momento houve uma percepção do que era a luz . Eu sabia que era Deus, uma força, o que quer que seja – não posso dar-lhe um nome. Esses três seres também brilhavam. Era estranho – eles tinham rostos, mas ao mesmo tempo não tinham, e eram luminosos. Luminosidade, essa é a palavra para descrevê-los. Num certo sentido era o mesmo que amor, mas não posso chamá-lo de amor. Não era um sentimento subjetivo – era uma iluminação que abarcava tudo.

Estava lá, aqui, dentro, fora, em toda a parte. E era amor total, envolvendo tudo. Não posso realmente separá-lo da luz. Tudo era luminoso, e a luz envolvia tudo completamente. Tive a sensação de ser totalmente una com tudo o que acontecia à minha volta. Não me senti morta de forma alguma, mas totalmente viva (risos), muito mais vibrante. E não tinha nenhum desejo de sair de lá.

Voltei porque sabia que não havia acabado o que tinha para fazer. Isso não me foi dito, mas eu sabia. Lembro da luz ficando cada vez mais fraca, mas interiormente ela não me deixou, ainda está comigo. Não consigo lembrar de passar por um túnel na volta ou de qualquer coisa semelhante. Só lembro da luz ficando mais fraca e, depois, de um despertar gradual num corpo dolorido. Quando voltei completamente ao meu corpo tudo parecia demasiadamente concreto e, contudo, muito daquela luminosidade permaneceu comigo. Eu ainda me sentia brilhando por dentro.

Os médicos, aparentemente, tinham tido muito trabalho para fazer meu coração funcionar e mantê-lo funcionando. E na manhã seguinte veio um médico e pediu desculpas por ter me matado! (risos). Bem, ele na verdade não usou exatamente estas palavras. E depois veio o anestesista e se desculpou. E foi tudo assim muito divertido.

A razão principal pela qual eu não morri foi porque eu tinha mais trabalho para fazer. Quando me recuperei me pediram para trabalhar no asilo. Na época eu já via muitas pessoas que estavam morrendo, sobretudo muitos pacientes com câncer. Aquela experiência significou muito para mim. Quando você está tratando com pessoas que estão morrendo, algo que as ajuda é saber que você sabe do que está falando. É muito bom ler um livro sobre o assunto, mas cara a cara, com contato físico e contato visual, faz uma enorme diferença ter estado lá.

Nunca falei sobre a experiência com meu médico, porque ele era um homem muito bom, muito atencioso, mas muito ortodoxo, e ele a teria descartado como uma alucinação ou algum outro nome extravagante. E por isso eu a compartilho com pessoas que estão morrendo e, ocasionalmente, com amigos, mas somente quando eles fazem perguntas a respeito. É surpreendente o número de pessoas que mencionam o assunto.

Eu não tinha lido muito sobre o assunto – alguma coisa do material teosófico – mas qualquer livro que você lê é puramente intelectual. Ele não pode, de modo algum, assemelhar-se à experiência, porque ela é muito íntima e muito pessoal. Você pode compreender algo intelectualmente, mas isso não produz nenhum impacto. Antes (da EPM) eu sabia, intelectualmente é claro, que meu ser interior, meu espírito, não morreria. Eu simplesmente iria para uma outra dimensão. Aquilo era ótimo, mas estava tudo em minha cabeça. Eu não tinha medo do pensamento da morte, não tinha mesmo, ele nunca me preocupou. Eu tinha medo de morrer com dor, sim, mas nos dias de hoje isso também não acontece. Hoje eu não tenho *nenhum* medo da morte. Conheci uma menina de seis anos de idade que estava morrendo de câncer e seus pais estavam atormentados. Um dia ela disse a eles: "Parem de se preocupar, eu estou bem. Eu sei para onde eu vou." É assim que me sinto.

Eu nunca cometeria o suicídio mas sinto grande compaixão por qualquer pessoa que faz isso, pois aqueles que se vão como conseqüência do suicídio têm que voltar para acabar aquilo que não terminaram dessa vez.

Eu seguramente não considero minha EPM como sendo uma experiência religiosa, mas ela foi muito espiritual. Antes daquela experiência eu não era religiosa e ainda não sou uma pessoa que vai à igreja. Quando criança eu ia, é claro, à escola de catequese aos domingos (fui batizada na Igreja Anglicana), mas na verdade aquilo tudo parecia ser tão irrelevante para a vida, para o viver. É apenas um dogma criado pelo homem.

Eu já meditava antes daquela experiência e hoje ainda medito. Eu rezo pelas outras pessoas, mas não é como a oração ortodoxa, é mais como um sintonizar-se. Acredito que há um Criador, tem que haver, mas não tenho nenhuma visão do Criador como um ser humano. Digo Deus porque essa é uma palavra conveniente – Deus é tanto masculino como feminino, os dois princípios de energia mais importantes. Eu identifico a Luz com Deus, a Luz pura, com "L" maiúsculo.

Tive muitas experiências psíquicas, tanto antes como depois (da EPM), mas costumo não usá-las, a não ser que seja em uma cura. Se alguém está com problemas, há uma habilidade de olhar em seu coração. Normalmente as pessoas vêm a mim quando foram abandonadas pelos médicos. Seus problemas podem ser mentais, espirituais, emocionais ou físicos. O que eu faço é canalizar energias que estão aí para que qualquer um as use. Primeiro olho para ver se a pessoa deve receber essa cura. Verifico se o anjo da morte está por perto, pois não é possível ir contra o espírito daquela pessoa. *Ele* sabe perfeitamente bem o que é necessário e o que vai acontecer, mas a mente consciente freqüentemente não sabe. Portanto, em primeiro lugar, isso tem que ser esclarecido. Se aquele ser está presente eu então canalizo conforto e paz, mas se aquela pessoa está aberta para a cura e não há razão pela qual ela não deva ser curada, eu canalizo a energia curativa.

Tenho certeza de que há espíritos orientadores à nossa volta, mas vou direto à fonte porque acho que isso evita quaisquer possíveis influências negativas. Talvez eu passe *através* delas – acho que elas podem agir como transformadores, porque canalizar a pura energia de Deus através de um corpo físico provavelmente nos despedaçaria. Ocasionalmente eu trabalho diretamente com o espírito orientador de alguém – por exemplo, tenho uma amiga que possui um espírito orientador muito forte, e faço isso com ela.

Sou muito mais autoconfiante hoje em dia e tenho muito mais clareza sobre o propósito de minha vida desde a

EPM. Eu agora faço muito mais trabalho na área de curas. Eu não trabalhava no asilo antes da minha EPM. Acho que, na minha idade, eu devia estar aposentada – faço muitas coisas, trabalho como voluntária para várias organizações de caráter espiritual, além do trabalho com curas. Mas também sou mais tolerante comigo mesma. Hoje em dia, se me sinto muito cansada, eu simplesmente largo tudo e relaxo. Nós, mulheres, fomos condicionadas a seguir em frente, a colocar as outras pessoas em primeiro lugar, a não pensar em nós mesmas, mas temos que pensar em nós. Procuro me cuidar fisicamente. Sou bem consciente de minha dieta – sou vegetariana desde 1975 – e caminho todo dia. Não bebo, não fumo nem uso drogas – acho que tomo um comprimido para dor de cabeça a cada três meses. E somente vejo um médico uma vez por ano para um *check-up*. Gosto de dançar. Adoro música e adoro ver os meus amigos. Saímos para jantar e temos grandes encontros.

Não tenho nenhum interesse em assuntos materiais. Dei todas as minhas coisas materiais. Eu só trabalharia duro por dinheiro com um propósito específico, como viajar para o exterior. O que eu realmente amo é o mundo natural. Aprecio a natureza e as pessoas, na verdade aprecio a totalidade da vida – olhar para o jardim de alguém ou apenas cheirar uma rosa. Eu sempre estive em muita sintonia com a natureza – passei minha infância no interior – mas isso se aprofundou desde a EPM.

Acho que para mim a mudança mais significativa desde a EPM é o sentimento que eu agora tenho em relação à morte – a ausência de qualquer tipo de medo. Antes eu tinha medo talvez da dor física ou de ficar sozinha. Isso não me incomodou mais desde então.

# GRACE

*Recebi um telefonema de Grace depois de ela ter lido uma matéria sobre a minha pesquisa numa revista de notícias de fim de semana. Casualmente eu estava planejando viajar para o sul, até Melbourne, na semana seguinte, para fazer algumas entrevistas, e assim combinamos de contatar quando eu chegasse lá. Finalmente nos encontramos em seu escritório e fomos até um restaurante próximo onde conversamos durante o almoço. Houve muita conversa e emoção, mas comemos muito pouco.*

*Logo após aquele encontro, Grace mudou de residência e de emprego, e perdi o contato com ela. Foi somente quando dei uma palestra pública em Melbourne, por ocasião do lançamento do meu livro* Transformado pela Luz, *que tive notícias dela novamente. Ela assistiu aquela palestra e desde então estivemos em contato muitas vezes.*

*Grace é agora a coordenadora de seção de Melbourne dos AUSTRALIANDS. A emocionante reunião inaugural foi realizada em sua casa em 1992. Ela já se colocou à disposição de muitas pessoas que passaram por EPMs em sua localidade e está com muita vontade de organizar um serviço de assistência a hospitais e asilos, com o propósito de atender às pessoas que querem falar sobre suas EPMs com alguém que as compreenda.*

*Grace tem altura mediana, cabelos curtos, escuros e ondulados, e olhos escuros, brilhantes. Ela fala suave e rapidamente e mostra uma vívida curiosidade acerca dos mistérios da vida. Na época de sua EPM ela tinha trinta anos de idade e gravamos nossa entrevista quatorze anos depois.*

Eu tinha trinta anos e estava em trabalho de parto pela primeira vez. Era um parto extremamente difícil, o colo do útero não estava se dilatando adequadamente e nada acontecia. Essa situação se arrastava indefinidamente e era algo muito doloroso. Comecei a vaguear entre a consciência e a inconsciência, e a equipe médica começou a ficar em pânico. Eles continuavam a entrar na sala e a escutar o batimento cardíaco do feto e a checar o meu pulso. Acho que isso é bem normal mas, de repente, parece que houve muito pânico. Eles movimentaram algumas coisas, colocaram o meu marido para fora da sala. Eu como que vagueava para dentro e para fora da inconsciência quando, subitamente, eu não estava mais lá. Quer dizer, até então havia uma consciência do que acontecia à minha volta, embora eu estivesse vagueando para dentro e para fora da escuridão. Mas a última coisa de que me lembro antes de me movimentar, ou de ter a sensação de movimento, foi: "Nós a estamos perdendo!" Então, de repente, eu me encontrava em algum outro lugar.

Lembro de uma sensação de movimento para fora de mim mesma, como se eu tivesse deixado algo para trás. Parecia que eu estava atravessando um portal. Havia um brilho, mas não pareceu que eu tivesse parado e pensado, não havia pensamento, não havia algo como "eu vou, não vou?" E então, subitamente, encontrei-me num certo lugar, e era um lugar real, e eu estava lá. Eu estava de pé imediatamente além do portal e olhei à minha volta. Havia uma cor intensa – um verde esmeralda intenso. Era como se lá houvesse colinas brandas, não havia rochedos, nem bordas ásperas, nada que fosse cruel, nada que não fosse benévolo. O céu era de um azul intenso, e a cena toda passava de forma tranqüila. (Sei que você já ouviu isso antes, mas foi assim que aconteceu.) E pareciam existir umas figuras agrupadas, como se fosse um agrupamento teatral, um ambiente de palco. No início eu as vi como figuras amorfas, sombrias, e eu estava consciente, de uma forma periférica mas intensa, de um grupo à minha direita e à minha frente, mas não tinha realmente olhado para ele. Eu sabia que o grupo estava lá, mas não causava muito impacto em minha consciência naquele momento – eu estava muito ocupada olhando na outra direção. E enquanto eu olhava, uma das figuras pareceu se tornar mais nítida e pensei: "Eu conheço esse rosto", e subitamente percebi: "Oh Deus, é a minha tia Hannah", que morreu há onze anos atrás. E depois vi meu tio Abraham, que morreu quando eu nasci, e eu os reconheci. Eles não estavam falando, suas bocas não estavam se movendo, mas eles estavam lá, e estavam lá como que por minha causa. Eu sabia que eles estavam lá para me ver, e eles me conheciam, embora nunca tivessem me encontrado. (Eu vou acabar chorando.) Minha vovó, a quem eu nunca encontrei, meu avô, todas as pessoas que eu nunca conheci e até mesmo aquelas que eu conhecia um pouquinho e que morreram muitos anos antes, ou que tinham morrido recentemente, estavam todas lá. Eu então me virei e olhei para essa figura que estava parada perto de mim – era meu pai.

Meu pai morreu quando eu tinha dezesseis anos. Eu era uma adolescente muito rebelde e estávamos sempre discordando um do outro. E no dia em que ele morreu nós estávamos nos mudando – tínhamos vendido a casa e estávamos nos mudando para um apartamento – tivemos uma discussão muito forte e eu lhe disse: "Eu te odeio", e fiz toda aquela cena normal de adolescente. Seja como for, ele foi para o apartamento com os homens da mudança pela última vez, e disse que voltaria mais tarde para me pegar. Fiquei esperando papai voltar e a tarde inteira passou sem nenhum sinal dele. Estava começando a escurecer quando vi passar um carro da polícia. Bem, basta dizer que papai sofreu uma trombose coronariana. Ele morreu muito subitamente, não foi possível dizer adeus, não houve a chance de dizer: "Pai, eu realmente sinto muito, eu não quis dizer aquilo. Eu amo você." Ele se foi dessa maneira ... E eu nunca fui capaz de chorar a sua morte adequadamente – eu fui como que despachada para Sydney para viver com minha mãe. Era tudo muito prático:

"Olha, não chore, você vai ficar bem." Mas eu sempre tive essa terrível sensação de que eu nunca tive uma chance de dizer adeus ou uma chance de simplesmente dizer: "Desculpa."

E então, estando naquele lugar, o seguinte pensamento passou pela minha mente: "Será que isso é real ou é minha imaginação, porque é o que eu queria que acontecesse?" É realmente esquisito, mas eu de fato pensei : "Será que estou fazendo isso comigo mesma porque é o que eu quero?" E então papai falou comigo, embora não houvesse fala – sua mente falou comigo. E ele disse: "Não, querida (era assim que ele me chamava). Você não está imaginando, isso não vem de você, você está comigo, e esse é o nosso momento de conversar." Seja como for, nós conversamos e sepultamos os fantasmas. E olhei para baixo e lá estava o meu cachorro Lucky. Ele morreu quando eu era muito jovem, e ele estava lá. É claro que agora, se eu fosse para o mesmo lugar, o meu pastor alemão também estaria lá. Estou muito ansiosa para ver Razzy novamente. Parece loucura, não é mesmo?

Eu não tinha nenhum sentido de tempo, não sei quanto tempo aquilo durou, mas conversamos sobre todos os tipos de coisas. E eu disse a ele: "Você deve se perguntar o que eu estive fazendo ou às vezes você deve sentir raiva de mim." E ele me respondeu: "Não. Para quem está aqui o que acontece no mundo não tem importância. Estamos aqui para cuidar de você, para conduzi-la." E então houve uma sensação de recuo, eu entrei em pânico e falei: "Papai, eu não quero ir!" Ele disse: "Você tem que ir, ainda não é a sua hora, você tem que voltar. Você vai ter um filho e terá que criar esse garoto, criálo sozinha." Papai então me disse que meu casamento iria acabar. (Nós estávamos casados há apenas um ano!) E lembro de dizer: "Papai, eu não quero que isso aconteça. Eu sempre pensei que quando eu me casasse isso não aconteceria." Era um sentimento muito forte. E continuei falando: "Papai, eu não quero ir – eu quero ficar com você. Deixa eu ficar com você." Eu estava muito angustiada, eu não queria voltar.

Ele me enviou de volta e me disse que ele estaria lá, estaria lá novamente por minha causa. E eu parecia estar voltando rapidamente; não havia a sensação de estar viajando, mas de que eu simplesmente estava lá. E ele repetiu mais uma vez: "Você vai ter um menino." E então senti um pânico e pensei: "Meu Deus, eu não escolhi um nome de menino!" E então eu voltei e estava novamente na sala de parto e estava chorando. Permitiram que meu marido entrasse na sala, e eu soluçava e soluçava, e sentia-me exausta. Com as lágrimas rolando pelo meu rosto, eu lhe contei: "Estive com o meu pai e tive que voltar. Eu tentei ficar mas não pude." John disse: "Você está apenas imaginando coisas."

Seja como for, muitas horas depois o meu filho nasceu através de uma cesariana. Eles aparentemente tinham perdido o meu pulso no momento da operação. John e minha mãe estavam do lado de fora praticamente chorando a minha morte, pois tinham lhes dito: "Ela está indo embora, nós a estamos perdendo."

Sinto um incrível vínculo espiritual com o papai. Não sinto que a morte tenha mudado qualquer coisa nesse sentido. Ele mais ou menos insinuou que a maneira pela qual julgamos a nós mesmos no mundo não é a maneira através da qual eles julgam. Embora eles saibam o que acontece com os nossos pensamentos ou o que quer que seja, não há julgamentos. Eu não me senti julgada em absoluto. Era algo quase não-emocional. Era o papai que eu conhecia, mas ele não estava contando piadas, nem sendo afetuoso nem nada – havia simplesmente um amor completo e total – e acontecia o mesmo com alguns dos outros.

Não pude falar sobre a experiência. Muitos anos mais tarde, eu tentei duas vezes contar às pessoas, mas foi terrivelmente difícil, me senti muito desconfortável.

É como se uma parte de mim tivesse mudado. Toda a minha visão da vida mudou drasticamente. Antes daquela época eu sempre tive medo da morte, aterrorizava-me com a possibilidade de ir para um mundo de dor. Costumava pensar que haveria uma sensação de sufocamento, de estar engasgada e de muita dor. Eu realmente não sabia ao certo, mas ficava aterrorizada. Mas agora eu sei que você vai para aquele lugar. Hoje eu acredito que a morte é apenas uma outra parte do desenvolvimento humano – assim como você nasce, vive, casa, tem filhos, você morre – é apenas um outro passo na estrada. Eu ainda estou formulando idéias – não tenho exatamente certeza do que acontece. Eu certamente não acredito que todas aquelas pessoas ficam lá por toda a eternidade, mas realmente não sei o que elas fazem. Eu acho que isso é algo que descobrirei quando chegar lá. Mas não estou nem um pouco assustada.

Até a época daquela experiência eu era fascinada pelo Esoterismo, ou melhor, pelo Misticismo. Eu havia buscado muitos caminhos. Li muito sobre Budismo, estudei o Catolicismo e examinei todas as diferentes áreas – o Espiritismo, por exemplo. Mas depois daquela experiência eu senti que eu tinha a resposta. Fui criada como uma judia, mas não estou mais interessada em nomes e rótulos. Eu agora acredito que o mais importante é como eu me sinto em relação a mim mesma, o quanto eu gosto de mim, o quanto eu me preocupo com as pessoas à minha volta e com o mundo no qual eu vivo.

Muitas coisas estranhas aconteceram desde aquela época, coisas incomuns como saber quando alguém iria morrer. Uma certa vez eu estava dirigindo com meu filho e, sem mais nem menos, eu disse: "Acho que dentro de vinte e quatro horas o pai de Penny poderá estar 'em algum outro lugar'." Na manhã seguinte Penny me ligou e disse que seu pai tinha morrido. Ele estava perfeitamente bem! E aquilo realmente assustou o meu filho. (Todas as experiências psíquicas aconteceram depois que ele nasceu.)

Eu agora me sinto muito assistida e orientada. Já me vi dizendo para as pessoas: "Você jamais precisa tomar uma decisão, você nunca precisa pensar sobre ela, as decisões acontecem por si mesmas." Eu não tomo mais decisões – eu simplesmente entrego os problemas e aguardo o resultado. Isto não significa que a vida tenha sido fácil para mim. Ao contrário, a vida tem sido terrivelmente difícil, terrivelmente. Mas receber orientação é uma ajuda. Por exemplo, algo estranho aconteceu logo depois que meu marido e eu nos separamos. Tive um acidente e cerca de três anos depois eu ainda estava aguardando o ressarcimento. Meu marido gastara cada centavo daquilo que o meu pai havia me deixado, além de acumular uma dívida enorme. Eu esperava que o dinheiro que eu obteria daquele acidente fosse talvez repor, em parte, o dinheiro que meu pai havia me deixado. Seja como for, uma certa noite em que o meu filho já estava na cama, e eu estava caminhando da frente da casa para a cozinha – não me dei ao trabalho de acender a luz – e, quando passei pela porta, dei uma pequena olhada para a janela, e havia um homem sentado lá. Olhei novamente e ele ainda estava lá. Ele estava mesmo sentado na janela. Eu corri para a cozinha e acendi a luz, e quando olhei novamente é claro que não havia nada lá. Mas não foi como se eu tivesse apenas dado uma olhada – eu parei, olhei fixamente e perguntei: "Quem está aí?" Eu estava aterrorizada. Havia um grande vaso indiano naquele lugar, por isso não poderia ter sido uma pessoa real que estivesse estado na janela.

O homem estava com um chapéu e o papai sempre costumava usar um terno com um chapéu, mas eu pensei: "Não seja tão tola." Seja como for, dois dias depois o processo de ressarcimento foi resolvido e a vida mudou – até então tinha sido uma luta. Tive a sensação de que o papai estava me devolvendo a minha segurança. O engraçado é que quando o dinheiro chegou, o valor era exatamente igual ao que o papai havia originalmente me deixado. Foi estranho.

Se você tivesse me conhecido e visse o tipo de pessoa que eu era antes! Nunca fui ruim ou imoral ou qualquer coisa desse tipo, mas eu era totalmente irresponsável – não era ruim, apenas impulsiva. Se eu quisesse fazer algo, eu fazia. Mas após aquela experiência recebi uma missão, deram-me um trabalho para fazer. Foi simplesmente isso. Até então a vida não tinha um propósito – eu vivia para mim mesma, mas retornei da experiência com um sentido de propósito. De repente eu tinha que criar essa criança sozinha, eu tinha uma missão, uma responsabilidade. Eu tinha uma razão para existir e para fazer todas as coisas. Eu nunca havia conseguido me manter num emprego. Eu fazia algumas coisas e viajava por vários lugares e nada do que eu fazia tinha significado. Mas depois foi completamente diferente. Era como levantar a persiana e olhar para fora ou ... não consigo explicar. Mudei completamente. Da noite para o dia. De repente eu me tornei uma pessoa adulta e muito responsável, e lembro da minha mãe dizendo: "Alguma coisa fez com que você mudasse tanto." Tentei contar a ela sobre a experiência, mas ela disse: "Não seja boba!"

Hoje o meu estilo de vida é outro, sou responsável e muito atenciosa. Trabalho como consultora de recursos humanos e tenho uma reputação de ser muito diferente dos outros consultores – possuo uma grande empatia pelas pessoas. Sem que elas me falem, eu pareço compreender o que estão tentando dizer. E não estou aqui fazendo nenhum alarde, é apenas uma compreensão que tenho. Acho que obtenho mais daquilo que estou fazendo porque estou auxiliando os outros. Estou fazendo algo para as outras pessoas ao invés de fazer apenas para mim.

Eu não apenas cresci após a minha experiência de estar próxima à morte – "o tecido do meu ser foi refeito".

# JANET

*Eu tinha ouvido falar de Janet através de uma amiga comum. Depois de conversarmos por telefone umas duas vezes combinamos que, no retorno de nossa viagem a Victoria, meu marido e eu passaríamos a noite no Santuário de Oakdale, o centro de retiros espirituais que ela e seu marido estabeleceram nas Montanhas Nevadas.*

*Dirigimos por muitas horas até chegarmos à entrada para Oakdale. A estreita estrada de cascalho serpenteava ao redor das colinas verdes, com uma vegetação rasteira e também bastante árvores. Podíamos ver um riacho seguindo um caminho semelhante ao longo do vale. Passamos por enormes penhascos e quando finalmente nos aproximamos da casa, podíamos ver, lá embaixo, numa área plana próxima ao rio, um magnífico grupo de carvalhos.*

*Janet e Joe nos receberam calorosamente e, depois de nos instalarem em nosso quarto, mostraram-nos as dependências. Enquanto sentávamos para conversar do lado de fora , um canguru bebê veio até a varanda, na esperança de compartilhar o nosso chá da tarde. (Ao que parece eles o haviam criado desde que sua mãe morrera, quando ele ainda estava na bolsa.) Depois de um certo tempo Janet e eu entramos para gravar a nossa entrevista. Duas horas depois nos juntamos aos outros e a conversa continuou até tarde da noite, e foi novamente retomada na manhã seguinte durante o café.*

*Janet tem altura média, ombros largos, cabelos castanhos e olhos grandes e expressivos. Ela é uma mulher amável e afetuosa e possui uma aura de paz ao seu redor. É bem humorada e tem um sorriso cativante. Tive a impressão de que ela estava totalmente dedicada ao seu trabalho em Oakdale. A forma como essa situação surgiu originalmente e a maneira como continua a se desenvolver é um dos aspectos mais notáveis da história de Janet.*

*Janet teve sua experiência quando tinha trinta e quatro anos, e conversamos oito anos depois.*

Eu estava para ser submetida a uma histerectomia total e durante a cirurgia tive um ataque cardíaco. O cirurgião disse que foi devido à anestesia – ele já sabia que eu tivera problemas com anestesias em cirurgias anteriores. Seja como for, naquele momento eu tinha consciência de ver o meu corpo deitado lá na mesa de operações e podia ouvir a comunicação entre o cirurgião e a equipe de enfermeiros. Eu podia ver tudo, mas de uma forma algo desapegada. Percebi, quase que imediatamente, que aquele era o meu corpo e que eu havia morrido (no sentido físico). Enquanto me encontrava naquele estado fora do corpo, eu estava consciente da existência do meu marido e das crianças de forma muito clara, e contudo não havia pesar ou tristeza em pensar que eu havia morrido e que estava separada deles. Senti uma paz total, um êxtase total. E o tempo não existia – parecia que em uma minúscula fração de tempo eu estaria novamente reunida com eles, e por isso aquilo não me preocupava.

Eu então senti que estava me movimentando muito rapidamente, de forma extremamente rápida, no que parecia ser o espaço exterior. Sempre senti que era o fato de me mover tão rapidamente que me dava a sensação de estar num túnel. E eu me dirigia para uma luz muito brilhante. Enquanto viajava, eu podia ver diferentes luzes coloridas, e então parei antes de alcançar a luz. E senti essa grande presença de amor, amor absoluto. Aquilo me chocou um pouco, mas não tive dificuldades em aceitar que, no fundo, eu estava sendo confrontada com o meu Criador.

Eu também estava muito consciente do fato de estar me comunicando com outras presenças ao meu redor naquele momento, mas não vi nenhuma delas. Estava consciente do enorme amor que também vinha dessas outras presenças. Houve então uma revisão de toda a minha vida. Lembro de olhar para ela, avaliá-la e julgá-la por mim mesma. Senti que ninguém mais me julgou – eu julguei a mim mesma. Acho que a maior vergonha que senti em relação à minha vida foi o fato de ter rejeitado totalmente o conceito de Deus. Eu não havia dado, em absoluto, nenhum reconhecimento a Deus, eu realmente não acreditava em Deus. E senti uma tamanha tristeza por ter duvidado de que Deus existia, pois Ele era tão real e tangível – a essência total do amor. Digo "Ele", mas isso é apenas o meu condicionamento. Deus era apenas essa essência, essa essência total de amor.

No momento em que senti a presença daquele grande amor também pude ouvir uma bela música, uma música maravilhosa. Não tenho certeza se era música instrumental, mas acho que era uma reunião de vozes que produzia aquele som. Mas não havia palavras – era mais uma ressonância do som. E a minha consciência pareceu aumentar dramaticamente, a ponto de eu sentir que conhecia tudo. Senti que estava em contato com todo o conhecimento – eu simplesmente sabia e compreendia muito mais.

E a Luz se comunicou através de palavras. E disse: "Você agora acreditará em mim. Eu te fiz uma mulher, eu te criei. Sei tudo sobre você e agora vou enviá-la de volta, porque não é a sua hora de vir para cá. Você ainda tem o trabalho da sua vida para fazer." Eu me senti muito humilde, com uma profunda reverência diante de tal amor. Quase não podia acreditar que alguém pudesse me amar tanto.

Lembro de naquele momento perguntar qual era o trabalho da minha vida, e me foi dito: "Você não ficará sabendo agora, mas isso lhe será mostrado." E acho que ainda fiz perguntas tais como "Quando?" (risos) – eu perguntava o tempo todo "Quando?" Também me foi dito para voltar e contar ao meu marido e aos meus filhos o que havia acontecido. Eu devia compartilhar isso com eles. Acho que foi então que eu recobrei a consciência. Não lembro como voltei. Por estranho que pareça, só lembro quando despertei um dia e meio depois, e eu já estava de volta no quarto.

Quando percebi que havia voltado ao meu corpo fiquei um tanto abalada por não poder estar onde eu queria estar. Eu realmente não queria estar em meu corpo mas, ao mesmo tempo, sentia-me muito bem naquele corpo. Notei, quase que imediatamente, que houvera uma mudança em mim, uma mudança completa em minha atitude para com as pessoas que cuidavam de mim. Trouxera de volta comigo um toque daquele amor, e ele permaneceu comigo. E acho que aquilo permaneceu sempre comigo – aquela sensação de paz.

Nesse meio tempo meu marido havia percebido o quão seriamente doente eu estava e, na noite da operação, ele tinha ido em casa para tomar um banho e ver as crianças. Ele me contou depois uma experiência que lhe aconteceu naquela ocasião. Isso seria mais tarde relevante para nós dois.

Ele estava no chuveiro, lavando o cabelo, com os olhos fechados. Sentia-se muito triste porque tinha visto o meu rosto, como se fosse a morte, no travesseiro, e estava tomado de pesar. Ele sentiu que iria me perder. De repente, sentiu sua mão subir e se viu dizendo: "Eu acredito, eu acredito, eu acredito." Ele não sabe porque fez isso – ficou chocado com esse seu movimento. Era quase como se, num nível superior, a sua consciência estivesse reconhecendo algo. Naquele momento ele sentiu que todo o pesar havia sido removido dele, como um cobertor, e ele sabia, conscientemente, que eu ficaria boa. Ele não ouviu uma voz, era simplesmente um sentimento muito real. Logo em seguida ligou para o hospital e soube que a minha condição havia se estabilizado, e ele então se deitou e dormiu a noite inteira.

Na manhã seguinte ele veio me ver, e quando acordei ele estava perto da cama. Eu lhe perguntei: "Eu morri, não é mesmo?" Até aquele momento ele ainda não havia falado com o cirurgião e ficou muito surpreso ao me ouvir dizer aquilo. Não demorou muito o cirurgião chegou e me disse: "Você tem muita sorte de estar conosco, nós quase a perdemos. Nós a perdemos por um certo tempo." E eu falei: "Sim, eu sei. Eu morri, não é mesmo?" E ele disse: "Sim, mas como é que você sabe?"

Expliquei a ele o que eu tinha visto e ouvido. Ele ficou muito surpreso mas não disse muita coisa. Recomendou que eu nunca mais me submetesse a uma operação que envolvesse anestesia geral e disse que eu deveria sempre usar um disco.

Eu costumava pensar que você morria e que aquilo era o fim. Mas agora eu não tenho nenhum medo da morte. Eu a vejo puramente como uma volta para casa, como uma reunião total, repleta de amor e felicidade. Intuitivamente, estou certa de que continuamos existindo e aprendendo. Continuamos a crescer num outro nível.

Não acho, no entanto, que eu gostaria de cometer suicídio, pois foi muito óbvio para mim que meu esforço de "ir para casa" era prematuro, e me foi dito que eu tinha que voltar. Era quase como se me dissessem: "Agora vamos lá, volte e continue a sua vida." Mas sinto que se uma pessoa cometesse o suicídio ela seria recebida com total amor e compaixão, como eu fui. Deus é amor total.

Eu tinha, literalmente, o trabalho de minha vida para fazer e havia chegado a um ponto de reconhecer que nós todos temos um propósito na vida. Mas somente depois de dezoito meses é que esse propósito me foi tornado muito claro. E essa foi uma experiência devastadora.

Naquela época eu estava questionando o que aquilo tudo significava. Eu sabia que tinha uma crença num Criador, e que havia um grande propósito para nós, mas não sabia qual era. Pensei comigo mesma: "Não mudei minha vida tão dramaticamente assim." Estávamos ocupados trabalhando em nossa lavanderia e vivendo numa casa suburbana bem confortável, com todos os equipamentos costumeiros. Mas depois (da EPM), tudo aquilo era totalmente sem importância para mim, e eu seguia dizendo: "Bem, o que tudo isso significa? Será que voltei para fazer as mesmas coisas de sempre?"

Eu falei com uma amiga sobre o que eu estava pensando: "Eu realmente acredito em Deus, tenho uma fé absoluta de que há um propósito para todos nós, mas não me identifico com o que as igrejas estão nos dizendo. Estou quase chegando ao ponto de duvidar que aquilo tenha acontecido, pois qual é o seu sentido?" E assim lá estava a minha mente lógica tentando minar a experiência, mas isso não era algo que eu pudesse compartilhar e falar com muitas pessoas.

Dois dias depois eu estava cozinhando, mexendo um molho, e me encontrava bastante introspectiva e pensava: "Deus, o que você quer que eu faça?" Naquele momento eu ouvi a mesma voz interna com a qual eu havia sido confrontada quando deixei meu corpo durante a EPM. Aquela presença amorosa voltou e disse: "Pegue uma caneta e escreva o que você ouvir." Achei que eu estava ficando louca, mas depois de ouvir pela terceira vez – "Pegue uma caneta e escreva o que você ouvir" – eu fiz isso. E comecei a fazer perguntas: "O que nós devemos fazer?" Naquela mesma tarde me foi dito que iríamos para as montanhas no sul a fim de estabelecer um lugar de descanso e conforto para muitos no futuro.

Depois disso foi incrível – cada vez que eu queria perguntar algo, lá estava a resposta. Eu sabia que ela vinha de algo externo, mas que estava dentro de mim, se é que você me entende. Tive respostas de uma tal profundidade espiritual que eu sabia que não vinham de mim. E realmente me perguntei como iria explicar isso ao meu marido e às crianças. Eu o compartilhei com Joe, e ele acreditou em mim. Depois daquele episódio no chuveiro, ele sabia que havia uma força que estava cuidando de nós, e então me disse: "Bem, vamos descobrir o que é que temos que fazer." E assim continuamos a fazer perguntas, mas tudo o que pudemos obter foi: "Aprendam a ser pacientes e o lugar certo será mostrado a vocês no momento certo."

Havia em mim essa terrível tensão para saber o que é que tínhamos de fazer e, por alguns meses, era quase uma obsessão. Mas é claro que aquela era a minha lição – aprender a paciência e a obediência. Eu tinha que aprender a ser conduzida.

Hoje nos damos conta que foram exatamente nove meses desde que eu ouvi pela primeira vez "Pegue a caneta e escreva" até de fato nos mudarmos para Oakdale. Foi um período de gestação. E foi para nós um total renascimento em nossas vidas. Mudamos toda a nossa direção e o nosso modo de vida.

Mas era difícil falar sobre tudo isso com os outros. Fui ver dois ou três ministros protestantes e todos eles, sem exceção, disseram: "Vocês não deveriam se envolver em coisas desse tipo – vocês ficarão loucos, se é que já não estão. É algo satânico, e vocês não devem ficar sabendo de coisas dessa forma. Larguem isso de mão." Um deles recomendou que eu buscasse auxílio psiquiátrico. Naquela época foi muito bom ter o apoio de Joe – ele me encorajou muito. Eu *sabia* que não estava enlouquecendo, eu sabia que *havia* esse amor total. Um certo dia conheci um sacerdote católico completamente por acaso. Na realidade ele não era mais sacerdote, tinha deixado a igreja e estava trabalhando como analista jungiano. Ele acreditou em mim completamente e compreendeu o que eu tinha experimentado. Ele me falou o seguinte: "Olhe para o que diz o Misticismo, você não é estranha. Confie nisso e peça para ser protegida e resguardada." E aquilo foi como um raio de sol brilhando num momento em que eu realmente começava a questionar se de fato havia ou não algum problema.

Considero a minha experiência como sendo espiritual e não religiosa. Ainda muito jovem fui enviada à Igreja Metodista, mas na adolescência eu realmente questionei aquilo tudo e parei de ir à igreja. Hoje eu diria que sou espiritualista. Tenho alguns problemas com a palavra "religioso". "Religioso" parece-me ser alguém que está imerso no dogma. Acredito que o verdadeiro espiritualista é aquele que teve uma verdadeira experiência de Deus – uma experiência muito íntima com Deus, e portanto não duvida que Deus existe, e vive uma vida de exemplo ao invés de apenas pregar a espiritualidade para as pessoas.

Hoje eu percebo que a minha vida é uma contínua oração ou conversa com Deus. Eu simplesmente converso com Deus como se Ele estivesse presente o tempo todo. Se necessito saber algo eu me sento, me sintonizo e pergunto o que eu deveria fazer. A informação está sempre disponível. Eu também medito. Para mim, as duas atividades não podem ser separadas, pois acho que quando rezo eu falo com Deus – naquele nível de estar próximo a um amigo – e quando medito, aquilo para mim é um escutar em silêncio. Eu simplesmente me coloco num espaço silencioso e escuto.

Experimentei muitos exemplos de fenômenos psíquicos desde a minha EPM. Eles normalmente assumem a forma de orientação, de uma ou de outra maneira. Houve um exemplo característico. Estávamos sentados no jardim e Joe me disse: "Eu gostaria de entrar agora. Estou realmente ansioso para saber um pouco mais sobre para onde nós iremos." Fomos para dentro e peguei um bloco. (Eu muitas vezes percebia que não tinha a capacidade de reter aquilo que eu estava ouvindo – parecia fluir através de mim – e por isso era bom anotá-lo.) Seja como for, estávamos sentados na escada interna e Joe estava um degrau abaixo de mim. Fechei os olhos, entrei em mim mesma, e comecei a orar. Pedi proteção, como sempre fazia, e expressei claramente o que eu queria saber. De repente me veio uma grande energia. Inicialmente pensei que estivesse tendo um ataque cardíaco, porque sentia aquela incrível energia chegando, num movimento em espiral, até a área próxima ao meu coração. Mas então pensei: "Isso não é dor, é êxtase, êxtase absoluto." Meus olhos estavam fechados, mas eu podia ver novamente aquela luz branca bem na minha frente. Joe disse que as lágrimas estavam rolando pelo meu rosto.

Em sua mente ele ouviu o seguinte: "Coloque a sua cabeça no ombro de Janet." Quando assim o fez, ele sentiu o fluxo de energia através do seu corpo, e naquele momento ele viu a luz, e nós dois ouvimos a mensagem: "Vocês são como meus discípulos, e eu os escolhi para ir e fazer esse trabalho". Havia um incrível sentimento de amor. Percebemos então que aquilo era uma resposta ao fato de estarmos permitindo que nossas mentes lógicas duvidassem da orientação que estávamos recebendo. E eu disse: "Eu nunca mais duvidarei." Como eu poderia duvidar de novo? Duvidei de Deus mais uma vez!" Depois da minha EPM eu nunca pensei que fosse duvidar novamente. Só após termos tido a experiência mais impressionante de todas é que paramos de duvidar.

Uns poucos meses depois o esperado aconteceu. Começou a acontecer quando peguei a caneta. A minha orientação ficava cada vez mais clara. Sempre que eu perguntava onde era o lugar, a orientação dizia: "Não se preocupe com nada, você logo saberá."

Eu disse: "Necessito de alguma ajuda em relação à minha dúvida."

A resposta foi: "Não se preocupe, tudo será diferente depois que você tiver visto a peça teatral."

E eu perguntava: "Que peça?"

"É uma peça com um homem chamado William, que tem um bigode, e há também um outro homem, um homem de Deus, e ele terá uma mensagem para você que mudará toda a sua vida."

Até aquele momento a orientação havia sido bem elevada e espiritual, e agora eu estava recebendo esse tipo de coisa meio maluca. Comentei isso com Joe e ele olhou para mim de forma um pouco estranha também, mas toda vez que eu perguntava, a resposta era: "Espere até você ver a peça."

Uma certa manhã eu estava atendendo uma cliente e ela disse: "Eu recém-estreei uma peça teatral, você tem que ir ver." Achei que devia conversar com Joe a respeito, e fui atender uma outra pessoa. Enquanto ela saía da loja, eu a ouvi dizer claramente: "Vá comprar os ingressos!" E eu fui. A peça chamava-se *A Balada de Billy Lane.*

Mais tarde eu estava em casa, lavando uma alface na cozinha, e ouvi claramente em minha mente: "Vá lá embaixo, Joe precisa de você." Eu pensei: "Oh, qual é o problema agora?", pois alguns meses atrás me havia sido dito intuitivamente para ir lá embaixo, e quando cheguei lá pude ver Joe furando a parede do nosso quarto – ele estava fazendo a perfuração atrás de duas tomadas duplas e estava a ponto de ser eletrocutado! E lá fui eu, correndo escada abaixo, e quando cheguei lá embaixo ele me chamou e disse: "Venha aqui e olhe as minhas mãos." Ele estava lavando as mãos na torneira. Olhei para as mãos dele, e elas realmente estavam com uma cor incomum – um marrom escuro, e todas as pequenas veias e músculos estavam bem visíveis. Era como olhar através de uma potente lente de aumento. Eu fiquei impressionada. As minhas mãos estavam perfeitamente normais. Eu então senti como se alguém que estivesse próximo a mim pegasse delicadamente a minha mão direita, olhasse para ela e a colocasse de baixo da mão de Joe. Nós dois ouvimos a mesma coisa: "Não olhe para as suas mãos, olhe para as de Joe." Bem, a essa altura nós dois estávamos arrepiados de medo, e então suas mãos voltaram ao normal diante dos nossos olhos, nós nos abraçamos e dissemos: "O que, afinal, está acontecendo?" E pedimos para ter alguma compreensão do que significava tudo aquilo. Não tínhamos nenhuma idéia do que estava acontecendo.

Fomos finalmente ao teatro. Quando chegamos lá a cortina já estava quase se abrindo. Recebemos o programa e corremos para os nossos assentos. Quando abri o programa eu disse ao Joe: "Você não vai acreditar nisso, mas essa peça é sobre um homem chamado William." Ele então falou: "Olhe, nós já tivemos excitação suficiente esta noite – será que não podemos ir ao teatro como pessoas normais?" E eu disse: "Mas estou certa de que esta é a peça. Você consegue sentir a energia deste lugar? Ele está cheio de algo mais além de pessoas." Eu podia sentir que algo estava acontecendo, e tenho dito desde então que Deus possui um senso de humor maravilhoso e vendeu ingressos para que as pessoas pudessem vir e ver os nossos rostos.

Seja como for, estávamos lá sentados assistindo a peça. Ela começava com um canto, e havia um homem chamado William Lane, que possuía um enorme bigode, semelhante a um guidom de bicicleta. Era uma história real. William ouviu uma voz – ele queria ir e estabelecer um novo lugar, o que de fato ele fez. E ele falava para as pessoas: "Nós o faremos através do compartilhar, do amor fraternal e sendo atenciosos uns com os outros." E de um compartimento de madeira situado acima do palco saiu alguém vestido como um sacerdote e apresentou-se como um anjo da guarda, e disse: "Você falhará Billy* – você está deixando Deus fora disso". A essa altura nós dois estávamos escutando. E foi mostrado que o plano falhou. O sacerdote surgiu mais uma vez e disse: "Eu lhe disse que você falharia Billy – você deixou Deus de fora."

Na verdade ele estava estabelecendo uma comunidade muito semelhante àquela que nos havia sido dito para fazer. William ficou realmente furioso e disse: "Vá embora e saia da minha mente. Você sabe que eu nem mesmo acredito em Deus. Eu posso fazê-lo, não preciso de você." E o sacerdote disse: "Como é que você pode não acreditar em Deus, que lhe criou? Olhe para o universo, para os planetas e para as estrelas. Olhe para a natureza, para uma folha, para uma flor e

* *Billy* é um apelido de William (N. ed. bras.)

olhe para a beleza disso tudo." E então, com uma voz grave e profunda, ele disse a Billy: "Olhe para as suas próprias mãos! Olhe para a cor, para as linhas, para as veias, para os músculos! Quem você pensa que os fez?" A essa altura Joe já estava quase debaixo do assento. Naquele momento Billy elevou o seu punho e disse: "Eu acredito, eu acredito, eu acredito." Ora, isso era quase como o que aconteceu naquela noite em que Joe estava no chuveiro.

Aquilo tudo nos chamou a atenção para muitas coisas, como você bem pode imaginar. Não sei ao certo, mas acho que saímos do teatro. Fomos para um parque próximo ao teatro, ficamos de pé e olhamos para o céu e dissemos: "Tudo bem Deus, estamos preparados para escutar. Agora compreendemos que você está falando conosco." E aquela foi a nossa prova cem por cento definitiva. Sabíamos que ela resolvia algo para nós, pois sabíamos que não havia uma razão lógica do porquê me teria sido dito algo que sairia da boca de um ator no palco – e tudo havia sido pré-planejado. E quando mencionamos à nossa amiga atriz o que havia acontecido, ela disse que todo o elenco tinha sido afetado ao fazer aquela peça. Eles sentiram que estavam sendo iluminados no que fizeram, e nos pediram para voltar e falar com os atores sobre aquela experiência. E portanto essa foi, para nós, a grande confirmação que nos fez comprometer nossas vidas totalmente.

Naquela noite, quando voltamos para casa depois da peça, eu estava com a garganta ruim. E então pensei: "Se Deus pode mover montanhas para atrair a nossa atenção, ele certamente pode curar esta minha dor de garganta boba." (Eu pouco sabia que mais tarde eu leria um livro de Edgar Cayce, no qual ele contava como ficava com dor de garganta sempre que ele não confiava.) E eu disse: "Você acha que eu poderia pedir alguma cura para a minha garganta?" Joe se aproximou e colocou as suas mãos sobre os meus ombros e como que fez uma oração: "Deus, você pode curar a garganta de Janet?"

Ele sentiu uma de suas mãos elevar-se acima da minha cabeça, fazer um círculo, e então sentiu que ela desceu até estar a cerca de quinze centímetros acima da minha cabeça. Ele só tinha consciência dessa intensa pressão que havia ali e não entendia o que estava acontecendo. Naquele momento eu saí do meu corpo, como na minha EPM, e realmente voei para este vale e vi esse enorme penhasco, e pensava em todos os tipos de coisas, tais como: "O que será que está me sendo mostrado?" Eu então vi os eucaliptos e os carvalhos próximos do rio, e sabia que não eram australianos, e por isso fiquei bem confusa sobre o que era aquilo. E então comecei a ficar realmente com medo – "Como é que vou voltar ao meu corpo?" – num piscar de olhos eu estava de volta. Tão logo o medo se instalou ele limitou toda a experiência, e voltei ao meu corpo muito rapidamente. E disse ao Joe: "Eu não sei onde fica esse lugar, mas tenho certeza de que acabaram de me mostrar o lugar para onde iremos." Mas só foi em novembro que a orientação nos disse que ele ficava nas montanhas próximas a Tumut. Disseram-nos que seria próximo a Tumut e contudo afastado, e que era um lugar muito bonito. Quando viemos a Tumut, no Natal de 1982, simplesmente seguimos a nossa orientação e aquilo foi uma outra série de milagres.

Tudo isso foi para fazer-nos chegar ao ponto em que pudéssemos realizar o trabalho da nossa vida. Eu agora sinto que toda a minha vida é totalmente orientada por Deus. A minha vida mudou completamente – eu agora estou fazendo coisas que nunca sonhei que poderia fazer graças ao trabalho que estamos realizando aqui. Eu era terrivelmente tímida, mas agora sei que falar (sobre a experiência) deixou de ser um problema – sei que a experimentei e, por isso, sou uma profunda conhecedora do assunto, posso falar com o coração.

E meu relacionamento com Joe realmente se fortaleceu em virtude da EPM – acho que pelo fato de que ambos nos tornamos conscientes de que tínhamos um trabalho para fazer. Nossos filhos também aceitaram tudo muito bem. Perdemos muitos amigos por um certo tempo, pois eles pensavam que havíamos nos tornado religiosos ou algo parecido, até descobrirem que realmente não estávamos pregando a Bíblia de forma agressiva nem indo à igreja, mas que estávamos vivendo algo com o qual ficaram bastante impressionados ... E assim, curiosamente, muitos de nossos antigos amigos, que inicialmente pensaram que estávamos meio loucos, estão agora gradualmente voltando ao nosso convívio. E estão muito interessados no que fazemos.

Recebemos a orientação interna de que havíamos praticamente alcançado o estágio em que tínhamos que ensinar através do exemplo, e que devíamos ensinar o que a fé em Deus pode fazer. Foi-nos solicitado abandonar o rendimento pessoal, e por isso Oakdale funciona com doações – é um centro sem fins lucrativos. Nós o transformamos numa associação e, por isso, não somos mais os proprietários legais. Foi-nos dito para não ter nenhum rendimento, mas que devíamos aceitar o que quer que Oakdale pudesse nos pagar, se e quando pudesse nos pagar. E temos vivido dessa maneira pelos últimos doze meses mas, no começo, isso foi algo muito assustador. Tive algumas explosões temperamentais e repreendi Deus por essa situação. E aqui estamos nós, doze meses depois, e tudo tem transcorrido tão bem e todas as nossas necessidades são preenchidas com abundância, e compreendo que temos que fazê-lo puramente como um exemplo, para mostrar às pessoas que há um poder além de nós que controla e planeja. Para mim foi um caso de total entrega e total liberdade.

O meu principal interesse hoje é desenvolver Oakdale. Eu agora sinto que a nossa vida é um ato de serviço. Temos que dar à humanidade tanto quanto pudermos para, com esperança, produzirmos uma mudança.

Nós agora somos praticamente vegetarianos – conosco isso tem sido algo gradual. E nos foi dito que temos que plantar mais nogueiras e árvores frutíferas no jardim a fim de planejar para o futuro. Necessitamos de mais braços para trabalhar nos jardins, mas acredito que eles virão quando os prédios estiverem prontos.

Eu realmente acho que o nosso modo de vida, como um todo, é simplesmente estarmos totalmente conscientes da necessidade de viver da melhor maneira que saibamos – e não abusar dos nossos corpos. No que diz respeito ao nosso relacionamento com as pessoas, recebemos a mensagem de que tínhamos que perdoar todos aqueles contra quem possuíamos algum ressentimento – quer as pessoas aceitassem ou não, o assunto ainda assim tinha que ser resolvido.

Estou preocupada com a nossa terra. E por isso transformamos Oakdale num santuário da vida selvagem e nos esforçamos para fazer tudo organicamente. Tentamos, nas nossas próprias vidas, não poluir ainda mais a nossa terra. E por isso falamos, o tanto quanto podemos, para as pessoas que vêm aqui para que tentem elevar suas consciências em relação ao que está acontecendo.

Não estou trabalhando para o movimento pela paz, mas acho que, no nível da paz interior, estou trabalhando com toda a velocidade, porque acredito que é de lá que ela realmente surge. Se você puder fazer com que as pessoas realmente reconheçam essa necessidade de estar unidas e em paz com Deus e consigo mesmas, então, obviamente, isto tem que fluir para o universo.

# POSFÁCIO

*Eu agora sinto que minha vida é totalmente orientada por Deus ... Para mim foi um caso de total entrega e total liberdade.*
(Janet)

Depois de se ler estas vinte histórias deve ficar evidente que a experiência próxima à morte atua como um poderoso catalisador para a mudança nas vidas das pessoas que a experimentam. As formas que essas mudanças assumem podem diferir de pessoa para pessoa mas, tomadas como um todo, percebe-se que há nelas um padrão subjacente bem definido, quase tão óbvio quanto o padrão subjacente à própria experiência.

As pessoas que passaram por EPMs *não* têm medo da morte, e sua aguçada percepção espiritual e intuição acentuada influenciam muito em sua interação no mundo social. As próprias pessoas que passaram por EPMs consideram esse crescimento em espiritualidade e amor, como também seu sentimento de ter um contínuo relacionamento com Deus, ou com a Luz, ou com um Poder Superior, como sendo a mais significativa dessas mudanças e a fonte da profunda transformação em suas vidas. Elas *sabem*, por experiência própria, o que é ser amado de forma incondicional. Sabem o que é ser orientado e cuidado em suas vidas diárias. E embora às vezes seja fácil esquecer isso quando são envolvidas pelos estresses diários, elas *sabem*, num nível profundo, que foram e ainda são unas com a Luz.

Mas esta compreensão não se destina apenas às pessoas que passaram por EPMs. É um *insight* a ser compartilhado com toda a humanidade. Em suas próprias vidas as pessoas que passaram por EPMs lutam com esse conhecimento. Lendo seus relatos, falando com elas e verdadeiramente *escutando* o que têm para nos dizer, todos nós podemos participar neste processo. Elas não apenas nos ensinam que a morte é uma volta para casa, uma reunião de amor e de luz, também nos ensinam que aquele amor e aquela luz já estão aqui em nossas vidas. Como Moira disse:

*Nós somos todos uma parte de Deus. Estamos imersos no espírito ... mas não o reconhecemos porque temos essa sensação de separação. Mas quando pudermos superar essa sensação de separação saberemos quem realmente somos e então seremos capazes de começar a expressá-lo.*

Ou seja, no momento presente, nós já estamos dentro da luz e a luz já está dentro de nós. Necessitamos apenas abaixar as nossas barreiras para ver que isto é assim. É este reconhecimento e o seu corolário, como disse Anthea, de que "tudo é tão complexo, tão valioso e tão belo", que pode significar uma tremenda diferença para o nosso planeta. Nas palavras de Janet:

*Se as pessoas puderem realmente reconhecer esta necessidade de estar totalmente unidas e em paz com Deus e consigo mesmas, então obviamente isto tem que fluir para o universo.*

# NOTAS

*Detalhes completos podem ser encontrados na bibliografia selecionada.*

**Introdução**

1. Gallup, *Adventures in Immortality*.
2. Sabom, *Recollections of Death, p. 57.*

**Capítulo 1**

1. Ver especialmente, Morse, *Closer to the Light.*
2. Serdahely, pp. 219-24.

**Capítulo 2**

1. Moody, *Life After Life*, p. 143
2. Moody, *Reflections on Life After Life*, pp. 43-9.
3. Ring, *Life at Death*, p. 119.
4. Ring, *Heading Toward Omega*, p. 45.
5. Para mais detalhes sobre a história de Kate, ver Sutherland, *Transformed by the Light.*
6. Ver Sutherland, *Transformed by the Light*, pp. 84-6.
7. Moody, *The Light Beyond*, p. 40.
8. A habilidade de ouvir coisas que não estão presentes aos sentidos.

**Capítulo 3**

1. Ver Zaleski.
2. Plato, The Republic, pp. 393-6. (*A República de Platão*, Edições de Ouro, Rio de Janeiro.)

3. Moody, *Reflections on Life After Life*, p. 36.
4. Ring, *Life At Death*, pp. 192-6.
5. Ver a Bíblia, *Deuteronômio* 33:27
"O eterno Deus é o teu refúgio e abaixo estão os braços eternos."

**Capítulo 4**

1. Para mais detalhes sobre a minha EPM, ver "Prefácio" em Sutherland, *Transformed by the Light*.
2. Para mais detalhes sobre a história de Hal, ver Sutherland, *Transformed by the Light* e Elder, *And When I Die Will I Be Dead?*
3. Para mais detalhes sobre a história de Martine, ver Sutherland, *Transformed by the Light*.
4. A "ponte do outro mundo" é um motivo comum também em relatos medievais. (Ver Zaleski).
5. Agradecimentos são devidos a Takeshi Tachibana por sua generosidade em compartilhar essas duas experiências comigo.

**Capítulo 5**

1. Para mais detalhes sobre a história de Helen, ver Sutherland, *Transformed by the Light*.
2. Ring, *Heading Toward Omega*, p. 74.
3. Ver Allen para mais detalhes dessa experiência.

# BIBLIOGRAFIA SELECIONADA

Allen, J. (1993). "Transformation", AUSTRALIANDS, 4, 2.

Atwater, P. M. H. (1992). "Is There a Hell? Surprising Observations About the Near-Death Experience", *Journal of Near-Death Studies*, 10, 3, 149-60.

Elder, B. (1987). *And When I Die Will I Be Dead?* ABC, Sydney.

Gallup, G. (1983). *Adventures in Immortality.* Souvenir Press, Grã-Bretanha.

Grey, M. (1985). *Return From Death.* Arkana, Londres.

Greyson, B. e Evans-Bush, N. (1992). "Distressing Near-Death Experiences", *Psychiatry*, 55, 95-110.

Moody, R. A. Jr. (1975). *Life After Life.* Bantam Books, Nova Iorque.

Moddy, R. A. Jr. (1983). *Reflections on Life After Life.* Bantam Books, Nova Iorque. (Publicado pela primeira vez em 1977.)

Moody, R. A. Jr. (1988). *The Light Beyond.* Bantam Books, Nova Iorque.

Morse, M. (1990). *Closer to the Light.* Villard Books, Nova Iorque.

Plato (1973). *The Republic.* Penguin, Harmondsworth. *(A República de Platão,* Edições de Ouro, Rio de Janeiro).

Rawlings, M. (1981). *Beyond Death's Door.* Bantam Books, Sydney. (Publicado pela primeira vez em 1978.)

Ring, K. (1980). *Life At Death.* Coward, McCann & Geoghan, Nova Iorque.

Ring, K. (1984). *Heading Toward Omega*. William Morrow & Co. Inc., Nova Iorque.

Sabom, M. B. (1982). *Recollections of Death*. Harper & Row, Nova Iorque.

Serdahely, W. J. (1991). "A Comparison of Retrospective Accounts of Childhood Near-Death Experiences with Contemporary Pediatric Near-Death Experience Accounts, *Journal of Near-Death Studies*, 9, 4, 219-24.

Sutherland, C. (1992). *Transformed by the Light: Life After Near-Death Experiences*. Bantam Books, Austrália e Nova Zelândia.

Zaleski, C. (1987). *Otherworld Journeys: Accounts of Near-Death Experience in Medieval and Modern Times*. Oxford University Press, Oxford.

# Inteligência Emocional
## As três faces da mente

ELAINE DE BEAUPORT & Aura Sofia Diaz

Neste livro pioneiro, resultado de 26 anos de ensino e pesquisa, a dra. Elaine de Beauport mostra que o nosso cérebro tríplice tem pelo menos dez inteligências, e que algumas delas são mentais, algumas são emocionais e outras comportamentais. Contando histórias práticas e recomendando exercícios simples, a dra Beauport nos ensina a descobrir, a desenvolver e a administrar todas as inteligências.

Aprenda a usar a inteligência espacial visual do seu cérebro mental para pré-visualizar um novo e importante projeto. Use a inteligência motivacional do seu cérebro emocional para acender o fogo criativo.

Faça a inteligência de padrões do seu cérebro comportamental trabalhar para combater dependências e romper padrões negativos.

Um verdadeiro "manual do proprietário", com instruções para o melhor uso possível do corpo e das diversas inteligências próprias da vida humana, este livro vai além da abordagem da consciência emocional e mostra a cada leitor todas as variedades da sua inteligência, que é potencialmente ilimitada, indicando, a cada capítulo, como este potencial pode ser desenvolvido em nossa vida diária.

## A Conquista da
# FELICIDADE

Kodo Matsunami

Conquistar a felicidade, buscar a realização interior e viver plenamente é, com certeza, o que o ser humano mais deseja.

De que depende a nossa felicidade? Qual é o segredo da juventude? De que maneira se pode alcançar o equilíbrio da mente e do corpo? Na busca de respostas a essas questões essenciais, o autor apresenta-nos um estudo profundo da mais conhecida Escritura Sagrada do Budismo, *O Dhammapada,* do qual seleciona 65 pensamentos, interpretando-os de maneira lúcida e compreensível.

Ler este livro é descobrir um lado novo da vida, o qual trará ao leitor uma visão mais abrangente do mundo e o ajudará a melhor relacionar-se com todos os seres.

# Autocultura
## À Luz do Ocultismo

**I.K. Taimni**

A evolução está ocorrendo, em todos os seres, ainda que lentamente, no curso de longas eras, até chegar um tempo em que o indivíduo finalmente compreende e diz "eu não esperarei pela mudança". Então ele percebe claramente as contradições em sua vida e toma o seu destino em suas próprias mãos. Este é o começo da Autocultura.

Dr. I. K. Taimni, renomado professor e pesquisador de Química, sendo também versado em Filosofia Oriental, apresenta nesta obra, em linguagem contemporânea, uma das mais claras e profundas descrições da atuação da consciência através de seus veículos, bem como dos métodos que levam ao desenvolvimento dos poderes latentes no homem. Tal é a Autocultura que, de acordo com as técnicas da Ioga oriental, enquanto Ciência Oculta, possibilita o aceleramento da evolução humana e a libertação dos sofrimentos pelo autoconhecimento.